彩云心理◎编著

内 容 提 要

有人说，幸福的婚姻都是相似的，而不幸的婚姻各有各的不幸。经营婚姻并不容易，但只要我们保持觉察心，学习如何用爱滋养婚姻，就能爱得明白，活得轻松，把握终身幸福。

本书立足"婚姻心理"，用简单通畅的文字，将婚姻心理学上的专业知识，以浅显易懂的方式呈现给读者，告诉读者如何在婚姻中提高自己、修炼自己、完善自己，进而朝着幸福的方向前进。

图书在版编目（CIP）数据

婚姻心理学入门：完全图解版 / 彩云心理编著. -- 北京：中国纺织出版社有限公司，2023.1
ISBN 978-7-5180-8314-5

Ⅰ. ①婚… Ⅱ. ①彩… Ⅲ. ①婚姻—社会心理学—通俗读物 Ⅳ. ①C913.13-49

中国版本图书馆CIP数据核字（2021）第018116号

责任编辑：张 羽　　责任校对：高 涵　　责任印制：储志伟

中国纺织出版社有限公司出版发行
地址：北京市朝阳区百子湾东里A407号楼　邮政编码：100124
销售电话：010—67004422　传真：010—87155801
http://www.c-textilep.com
中国纺织出版社天猫旗舰店
官方微博 http://weibo.com/2119887771
天津千鹤文化传播有限公司印刷　各地新华书店经销
2023年1月第1版第1次印刷
开本：880×1230　1/32　印张：6.75
字数：80千字　定价：39.80元

凡购本书，如有缺页、倒页、脱页，由本社图书营销中心调换

前言

有句俗话说："婚姻如饮水，冷暖自知。"我们大部分人都会步入婚姻的殿堂，和另一个人开始过一种新的生活。但正如钱钟书先生的《围城》中所描述的：围在城里的人想逃出来，城外的人想冲进去。的确，相爱容易相处难。

生活本就是烦琐的，每天油、盐、酱、醋、茶，自然少了婚前的激情与浪漫。彼此之间更是认为婚后就应该好好过日子，一回到家，便认为可以好好放松了，哪里还在意自己的形象。于是，什么缺点都暴露无遗，悠然地享受着对方的奉献与付出，似乎是理所当然、顺理成章的事。

生活平淡，心里慢慢地感觉失去了很多，付出了很多，而往往得不到对方的理解与珍惜。日积月累，开始有怨恨之心，面对生活的种种不如意，失落在心中一点点地聚积。

于是，责备与争吵便开始了，矛盾便产生了。夫妻双方总是认为自己付出的多，得到的少，于是就会感觉到失望。而失望后，又会不停地抱怨，慢慢地失去了耐心，慢慢地灰心。可是为了孩子、为了家庭、为了自己的名声，还得凑合着过完下半辈子。

那么，我们如何避免这种"可悲"的婚姻关系呢？

心理学家认为，维系幸福婚姻的关键就是满足，不仅包括生理性的和安全上的满足，还包括爱、承诺、信任、归属、真诚以及尊重等更高层次的需要和满足，只有这些需求都得到满足了，婚姻才会幸福。

有这样一句妙语："婚姻是唯一没有领导者的联盟，但双方都认为自己是领导。"之所以这样说，就是因为婚姻需要夫妻双方共同经营。两个性格、成长环境不同的人走到一起，就必须相互包容，共同学习和进步，适时转换自己的角色。时刻保持与对方同步，就能够使夫妻关系处于不断沟通和动态的良性发展中，而这一发展所依靠的就是两性关系最初的缔结之源：爱！

的确，两个人因为爱走到一起，就要懂得为爱付出。我们都要保持随时觉察的能力，都要用爱滋养对方，滋养婚姻。

其实，生命的意义不仅仅在于要成就多么伟大的事业，实现多么崇高的人生目标，或者拥有多少的财富，也在于如何淡然地享受追求梦想过程中的愉快心情，感受人生中那份淡淡的幸福味道，这也是婚姻的真谛。

的确，一个家庭建立起来不容易，靠的是一砖一瓦，一丝一缕的温暖与感情的积累，但想摧毁它却是非常轻而易举的。一个健康的家庭关系，需要经过一段漫长的、风风雨雨的过程。这也是每个人一生必修的功课，需要双方不断自我反省和调整，更重要的是两个人要有宽容开放的心，在爱中学习爱。

这是对任何年纪的夫妻都适用的好书，无论你已婚多年，还是准备步入婚姻，抑或是对未来的婚姻感到迷茫的年轻人，只要你认真阅读本书，它都有助于你更好地提升经营婚姻的智慧和能力，进而让幸福为你的成功人生添砖加瓦。

目录

第1章　会沟通会协调，让婚姻家庭更温馨和睦　‖ 001

　　婚姻里要服软，别总是争强好胜　‖ 002

　　处理好婆媳关系，家庭更和睦　‖ 006

　　有节制地吵架，吵架是夫妻沟通的润滑剂　‖ 009

　　了解清楚彼此的个性，找到最佳相处之道　‖ 013

　　沟通、理解、宽容是幸福婚姻的三大砝码　‖ 017

　　争吵有原则，夫妻吵架不过夜　‖ 021

第2章　善解人意，看透爱人心思多体谅　‖ 025

　　用心感受爱人的心，理解和关爱你的爱人　‖ 026

　　给爱"松松绑"，偶尔给彼此一点自由　‖ 030

　　关注爱人，在爱人最需要你的时候出现　‖ 034

　　抓大放小，婚姻中不可事无巨细　‖ 038

　　无论何时，都要温柔对待你的爱人　‖ 042

　　找到沟通技巧，避免一味地唠叨　‖ 046

第3章　善于交流，与爱人共建一条沟通的渠道　‖ 051

　　互相珍惜，共建沟通渠道　‖ 052

　　会沟通是婚姻幸福的前提　‖ 056

与爱人沟通，千万不可伤其面子　‖060

甜言蜜语，为婚姻加点糖　‖064

第4章　豁达包容，别与爱人斤斤计较　‖067

包容你的爱人，别苛责对方　‖068

适时装糊涂，"傻"一点让对方更轻松　‖072

宽容，能给你们的爱升温　‖075

宽容要适度，不可突破你的底线　‖078

理解与宽容，会让爱人更有动力　‖081

第5章　拉好缰绳，始终为幸福婚姻保驾护航　‖085

婚姻中的高手，都懂一点心理学　‖086

爱人不回家时如何对症下药　‖090

表达你的爱，用情"征服"爱人　‖094

拉好缰绳，驾驭好婚姻这辆马车　‖097

第6章　浪漫婚姻：让你的生活也增添色彩　‖101

营造浪漫，婚姻生活需要一点情怀　‖102

发挥你的创意，让婚姻生活处处充满浪漫　‖106

多花点心思，给对方一个浪漫的惊喜　‖110

用吃"醋"暗示你的重要性　‖114

有些小游戏能增添生活情趣 ‖117

第7章 表达关爱，让爱人时刻感受到你的爱 ‖121

表达关爱，用你的爱包围对方 ‖122

享受关爱，不辜负对方的付出 ‖125

付诸行动，更能证明你的爱 ‖129

相互欣赏，能从彼此的眼里看到光亮 ‖132

分享生活，一起打造美好生活的记忆 ‖135

善于引导，谁都不是天生的好爱人 ‖138

第8章 懂点情调，让婚姻每天都充满新鲜感 ‖143

制造惊喜，让爱新奇起来 ‖144

情书，是最古老且最情意绵绵的表白 ‖148

多变的你，会让爱人更喜爱 ‖152

平淡生活里偶尔"调情"，能让爱升温 ‖156

时尚品位，让你魅力无限 ‖159

婚姻琐碎，更需要来点情调 ‖162

第9章 热烈的爱：婚姻里需要用激情为彼此添动力 ‖165

夫妻树立共同目标，有目标才有幸福感 ‖166

避免"爱情聋哑症"，沟通交流很重要 ‖170

对话有激情，提高生活情趣　‖ 173

开阔视野，将趣味见闻带入婚姻生活　‖ 177

在沟通中与爱人找到"激情点"　‖ 180

共同营造，婚姻生活需要一点激情　‖ 183

第10章　摆脱束缚：婚姻里需要一点距离美　‖ 185

信任对方，婚姻里切忌猜忌　‖ 186

小别胜新婚，婚姻中彼此也需要点距离　‖ 190

摆脱束缚，给爱人一点自由的空间　‖ 193

尊重彼此，爱人之间也应该有自己的隐私　‖ 196

保持一点神秘感，让爱人对你更有兴趣　‖ 200

洒脱生活，爱对方也要享受人生　‖ 203

参考文献　‖ 206

第1章

会沟通会协调，让婚姻家庭更温馨和睦

婚姻心理学入门：完全图解版

 婚姻里要服软，别总是争强好胜

女人的眼泪是让男人心理受到触动的武器，无论发生什么样的矛盾，女人的眼泪总是会激起男人的怜惜，让男人不自觉地想要保护，想要安慰，觉得自己和一个小女子斤斤计较真的是枉为男儿。

女人的眼泪不但可以化解矛盾，消除分歧，还可以使胜利的天平向自己倾斜，博得舆论的同情和支持。当男人和女人争吵时，女人的眼泪表达的是自己的愤怒和委屈，男人一看到女人的眼泪，就会冷静下来，后悔自己为什么要和女人一般见识；男人开始责怪自己，自己明明想给她更多的幸福，可为什么脾气一上来就不管不顾地伤害她了呢？等到男人不自觉地生出了愧疚之心，女人就能反败为胜了。

哭也是讲究技巧的。要小声地哽咽，默默地流泪，给他一个微微颤抖的背影，给他一点想象的空间。等他开始冷静下来，开始哄你了，你才可以越想越委屈，越哭越大声，他越是哄你，你的眼泪越是止不住。女人的眼泪，很大程度上是给男人看、让男人擦的，直到把他的心哭乱了、哭慌了，才云收雨住，嘴里哽咽着，眼泪还窝在眼眶里，眼圈还红红的，泪痕还留在脸上,却硬是微微地一笑,眼泪又止不住地落下来,惹得男人手足无措,乖乖地妥协。事后,男人明明知道自己中计了,可下一次还是忍不住怜惜你,忍不住地妥协、退让,你们之间的关系才会更加融洽,减少很多摩擦和争吵。

人们管男人发脾气叫"发火",女人的强横、蛮干、对吵,只能是火上浇油。怎样"灭火"最有效?当然是水,女人的泪水是最有效的灭火武器。《圣经》里说,"女人是男人的肋骨,是男人骨中的骨,肉中的肉",肋骨疼了就会流泪,只要女人学会流泪,让他心疼,男人是完全可以感受到这种感情的。

女人的眼泪还可以表达自己的伤心、失望。当女人哭的时候,男人就会意识到自己让她伤心、失望了,那她会离开自己吗?男人常常会涌起这样的恐惧。坚强、乐观、不常哭的女人一旦哭了,就会让男人害怕,害怕她会不原谅自己,会离开自己,这种心情和怜惜是完全不一样的,它会激起男人最本质的恐惧。这种哭当然也是要把握分寸的,也许你真的伤心透了,没有声音,只是默默地流泪,也许连眼泪都没有,只是不停地抽噎哽咽,却更让人难受,让男人愧疚、害怕,尤其在男人犯错的时候。

当然,女人的哭表达的还是一种在乎,一种对爱情的需求,和内心被爱所伤的脆弱。男人看到女人的眼泪,就知道这个女人是真心爱他的,否则她不会因为自己而哭泣。

婚姻心理学入门：完全图解版

和睦之道

女人想要协调和丈夫的关系，不妨利用一下自己的眼泪。既然男人在大部分问题上是强势的，那么女人就有必要示弱，以柔克刚、以弱胜强才是和谐之道。女人的眼泪可以表达很丰富的感情，只要善于控制，就能够让家庭更和谐，夫妻关系更融洽。

有感情才有伤害，和无关紧要的人争吵是不会流泪的，只会愤恨，只有自己在乎的男人伤了自己，女人才会哭。看到女人哭，男人也就看到了女人对自己的爱，就会激起男人心中更多的怜惜和柔情。

　　当然，流泪也要有分寸，你尽可以热泪滂沱、梨花带雨，却绝不能号啕大哭。女人的号啕大哭引不起男人的怜惜，只能引起男人的反感。号啕大哭常常和做戏联系在一起，和无知泼妇联系在一起，和干号联系在一起，没有任何美感，更不能触动别人的感情。能够触动内心的哭，常常是默默地流泪，是冰冷的脸颊，是红红的眼圈，是哭红的鼻子，从而激发出男人怜香惜玉的感觉来。

　　女人想要协调一个家庭，就要学会示弱，懂得怎样让别人心疼。只有对方心疼你，不忍心让你受委屈、受伤害，家庭关系才能更和睦，女人才能更幸福。眼泪正是维护家庭和谐最好的润滑剂。

婚姻心理学入门：完全图解版

处理好婆媳关系，家庭更和睦

民间俗语说"十对婆媳九不和"，婆媳问题，向来是导致夫妻关系不和睦的重要因素之一。婆媳关系令很多走进婚姻的女人非常困扰，男人也常常为之头疼。很多离婚的女人都表示，如果排除婆婆的干涉，她们会考虑和丈夫复婚，可见婆媳问题是多么严重。想要家庭和谐，婆媳和睦是女人要重点关注的。

那么，这些问题怎么解决呢？怎样才能让你们之间的关系更为融洽，家庭更加和谐呢？以下六点需要注意。

★拉开距离。尽量不要和老人住在一起，相处的时间少了，摩擦也会变少，即使相聚，大家也珍惜相聚的时光，不会随意破坏。如果条件所限必须和父母住在一起，就要求儿媳妇在和婆婆相处的时候，尽量保持一定的心理距离。

★彼此尊重。乖巧的儿媳妇更容易讨婆婆喜欢，对于分歧不是很大的事，不妨听从老人的意见，让她显得更有威信，也就更容易接纳你。

★利用和其他家庭成员的关系改善和婆婆的关系。这是从古就有的智慧，从这首诗中就能略窥一二："三日入厨下，洗手作羹汤。未谙姑食性，先遣小姑尝。"

第1章 会沟通会协调，让婚姻家庭更温馨和睦

和睦之道

很多媳妇之所以和婆婆关系不好，是认为婆婆不公平，比如，为什么帮小姑、嫂子或弟媳带孩子，却不帮自己？因为不公平而造成的婆媳矛盾是最普遍的情况。除此之外，媳妇与婆婆有生活观念上的差异，有金钱支配观念上的差异以及有教育下一代观念上的差异等，都会导致家里产生婆媳矛盾。

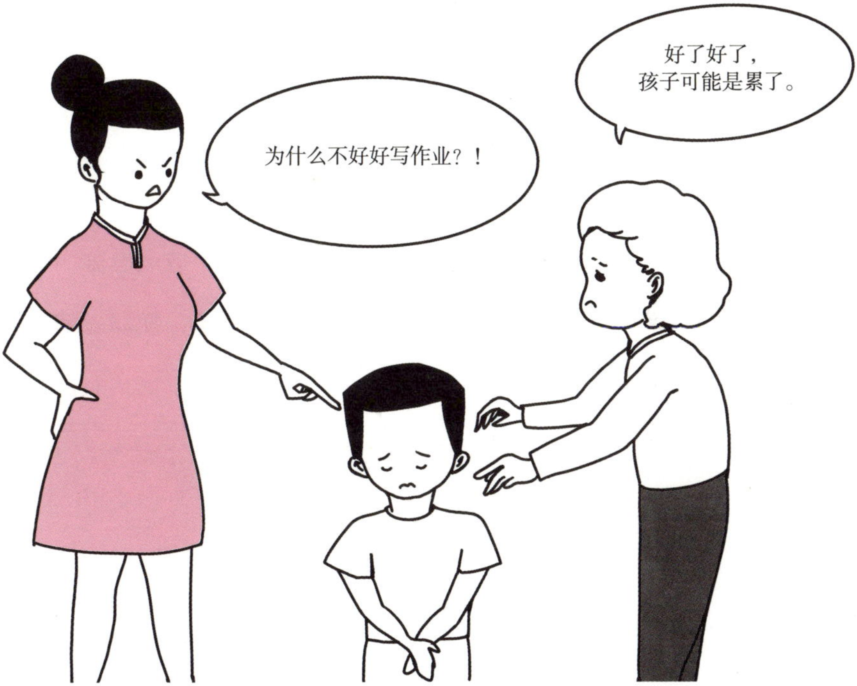

★适当满足老人正常的心理需求，培养"分享爱的能力"。比如，在家庭气氛比较愉快的时候，夫妻两人一起，多陪老人拉拉家常，听听"老人教诲"。

★在物质上表现出自己的孝顺。如果总是一味地嘴甜，却从来没有真正的行动，还想着从老人那里拿到更多好处，肯定会让老人反感。老人的心理是特别容易满足的，你只要在他的身上花几十块钱，几百块钱，他就会感觉到比较欣慰，感觉到晚年生活会有保障。

★夫妻间需要建立"夫妻联盟"。如果和老人意见不一致，并且老人的做法明显欠妥当，夫妻俩要坚定地站在一起，想办法和老人沟通解释，决不当面互相拆台。当你们两个产生矛盾的时候，最好内部解决，不要迁怒于老人，更不要寻求老人的调节与支持，否则会更糟。

通过这些手段，就能够最大限度地避免婆媳矛盾的爆发，通过你们彼此的努力，会让婆媳间的隔阂尽量缩小，使双方的关系尽量和谐。

有节制地吵架，吵架是夫妻沟通的润滑剂

很多人都觉得，吵架会伤感情，两个人在一起，没有争吵是好事，所以有些人总是拼命地压制自己的怒气，尽量体谅对方，避免争吵，殊不知，一味地不争吵也未必是好事。

如果两个人总是在忍耐，每一次生闷气都不发泄出来，自己心中的那股怨气会越来越大，越来越多，对对方的不满也会慢慢地积攒起来，直到有一天突然爆发，便一发不可收拾。所以，聪明的人会把争吵看看作感情的润滑剂，不是一味地避免，而是把争吵控制在自己能掌握的范围内，用以疏导自己内心的不良情绪。

这就像治水，治水的根本在于疏导而不是防堵，防堵的结果只能是越堵水潮越汹涌，最后堤坝不堪重负，大水汹涌而出。理智就是人头脑中的堤坝，如果只是一味防止争吵，一味用理智控制情绪，迟早理智会不堪情绪的重负，被负面情绪冲垮，负面情绪的总爆发，会让两个人的关系走向破裂。而适当的争吵，则是疏导的方法，它可以让自己的负面情绪有一个发泄的通道，定期、适当地泄洪，不失为调节情绪、调节两人关系的一个好方法。

随着生活步伐的加快和社会竞争的加剧，现代人背负了越来越多的压力，尤其是在职场上拼杀的白领们，更是每天都提防着被裁员，每天都努力争取更好的职位，每天都工作得战战兢兢，唯恐一朝失去生活的来源，压力可想而知。越来越激烈的职场竞争对个人的生活也会有一定的影响，家庭的氛围可能会因此而变得压抑，有时吵架成为一种宣泄压力和内心不满的方法。

男人很少选择把自己的挫折、不满向女人诉说，尤其当他们的妻子因为自身的压力很困扰的时候，他们就更不忍心向她们诉说，增加她们的烦恼。有时候，妻子们会因为过于忙碌而忽略了丈夫，男人就会像一个被忽视的孩子一样，用争吵的方式，引起她们的注意，或者宣泄内心的压力。请记住，男人的争吵不一定是因为对你不满，一个骄傲的男人受了委屈的时候，只能向他最亲近的人发脾气，而你正是他那个最亲近的人。

除了宣泄压力，争吵还有其他好处。争吵的时候，每个人都会把自己内心真正想说的东西说出来，事后就会发现，彼此对对方的理解又更深了一步。吵架的时候，大家无所顾忌，往往会数落对方的缺点，冷静下来，就能够明白自身也存在很多问题，明白对方希望受到怎样的对待，这些问题往往是平时在甜蜜生活中的人们意识不到的。

比如，平日你觉得他不够体贴，但是又觉得那可能是男人的粗心或工作的压力造成的，因此一直忍受着。当吵架的时候你就会哭诉"你从来不顾及我的想法，不体贴我"，然后他就会明白自己哪里做得不够好。这样你了解了他的心思，他也了解了你的想法，你们以后相处的时候就会尽量避免让对方生气的事，双方的感情也会更甜蜜。人们往往争吵的时候互不相让，满肚子的怨气和怒气一吐为快，吵完后，感情反而比之前更融洽，这大概就是争吵的神奇之处。

　　争吵还会让你看到爱情的意义。吵架的时候，我们往往会负气地说，"不行就分手""分手就分手"……然后，女人开始痛哭，男人开始抽烟，你们开始思索要不要分开，最后会发现，你们还相爱，你离不开他。吵架其实是一种休息，是一段感情的休整。正像得过病以后才知道健康的好处，夫妻在吵过架以后，才知道对方多么重要。心静下来，你才会发现对方平时的诸多好处，才能体会到他对你的重要性。

和睦之道

相敬如宾的爱情固然可贵，但是因为少了一点激情，反而会让感情渐渐地趋于平淡，最后变得可有可无，相敬如宾变成"相敬如冰"。而争吵却像是生活这道菜中的一点辣椒，虽然不是必不可少，但是多了它，也就多了一份刺激，多了一份新鲜，多了一份味道，也才让爱情变得更加有激情。

了解清楚彼此的个性，找到最佳相处之道

俗话说"家和万事兴"，女人要想幸福，就要懂得平衡之术，以维持家庭和谐。想要维持家庭的和谐，摸透两个人的脾气是根本。懂得对方在什么情况下易发火，既能躲避他的火气，又能够发泄自己的委屈；懂得什么时候退让，什么时候撒娇，才能把丈夫的满腔怒气和戾气化为祥和，这是最根本的协和之道。

通常男人的脾气比较火暴，且刚硬、强势，不擅长变通，尤其在气头上，他们是不会自然消火的，一旦惹他们发了怒气，就很难轻易收场。女人应该懂得这一点，不要随意地怀疑他们，唠叨、挑剔也只会惹怒他们。可以说对于女人的唠叨，一般的男人还是可以忍受的，除非达到了一定的极限。而女人的脾气，通常比较细腻、温柔，虽然很爱借势找茬，但是一旦男人发起脾气来，她们倒比较能够忍受。女人还善于以柔克刚，明明某件事是自己的错，她们娇娇柔柔地一番解释，反而让男人觉得自己太过分了，甚至为此而过意不去。

总之，男女双方都要摸清对方的脾气，平衡家庭气场，从而营造一个温馨和谐的家庭氛围。学会用幽默和智慧、变通

和圆融来经营家庭氛围的人才是最聪明的女人。这样的女人知道什么时候男人要发火；什么时候可以刁蛮任性一些；什么时候可以"欺负"他，而不惹他生气；什么时候最好让他独自待着，不要打扰他。这样的女人，她的家庭也是和谐的，尽管也有一些小小的吵闹，但她会把它控制在能够润滑感情、发泄压力而绝对不会伤筋动骨的程度上。

那么，为了做到这些，我们要摸透哪些情况呢？

★了解双方的禁忌：总有一些事是你们不喜欢对方提起的，是你们的禁忌话题。比如，你的初恋情人、当初你们之间的感情等。也许随着关系的发展，你把它告诉了对方，但是自己再也不愿回忆起它。如果对方一再提起，甚至为此大吃飞醋，仔细盘问你们的交往状况，你肯定要发火。对于曾经的美好和伤痛，每个在婚姻中的人都愿意一辈子把它埋进心里，只是为了坦诚才会告诉对方。女人也一样，不要纠缠于男人过去的事，即使他有过再多红颜知己，但今天他属于你，这就够了。年少轻狂时，每个人都会做一些糗事、犯一些错误，这些都是他不愿回忆或提及的。对于感到难堪的事，男人羞于启齿，女人最好也不要提起，懂得双方的禁忌，才能保证你们不会误踏雷区，才能保证婚姻幸福。

★懂得双方的极限。每个人的承受能力都是有极限的，平时你觉得向他吐再多苦水，唠叨再多琐碎的事，他也不会发火。而今天你只是轻轻发了一下牢骚，他就火大了，这不仅仅因为今天他心情不好，很可能是他受够了你的牢骚。有句话说"压垮骆驼的从来不是最后一根稻草"，骆驼可以负重，但是绝不是毫无限制的，一根一根地放下去，总有一根稻草会把骆驼压垮。所以，不要让自己的一句话、一个无心的动作成为压垮骆驼的最后一根稻草。你可能会感到无比的委屈，可能会和他大吵一通，或者争执不休，但是这有什么意义呢？聪明的女人总是会在男人即将发火的一刻，停住她那张喋喋不休的小嘴，在他失控的前一秒，及时地拉住对方的缰绳。她们有什么秘诀吗？当然是长期生活在一起，了解了对方可以承受的极限。

★懂得观察双方的情绪，也就是会看人脸色。今天他高不高兴，为什么？有一个人在你兴奋或委屈的时候，柔柔地问一句"今天有什么高兴事吗？"或"心情不好吗？"你会觉得格外地温暖和贴心。做对方的解语花，和对方培养情绪上的默契，是每一对夫妇都应该修炼的课题。

★弄清双方的脾气。是火暴还是柔软，是发顿脾气就雨过天晴了，还是总是把心事藏起来，心思很重。对于脾气火暴的人，让他自己发泄一顿就可以了，你不理他，他发泄完心中的郁闷也就没事了，你越理他，和他吵，他的情绪越激烈，越生气。对于性格内敛、心思重的人，要善于观察、善于开导，甚至要鼓励他把心里的话以吵架的方式说出来。定期清一清心中的郁闷，否则时间长了，他会真的憋出病来，或者来个总爆发，事情就没法收拾了。

和睦之道

家庭是两个人甚至多个人的家庭,只注意自己的情绪、自己的好恶而不管对方,就难以协调;协调不好,整个家庭的运转就会出问题。正像一部机器,各零件之间协调不好,就会出现摩擦,出现毛病,甚至瘫痪。了解双方,摸透双方的脾气,就是让婚姻这部机器协调运转的好办法。

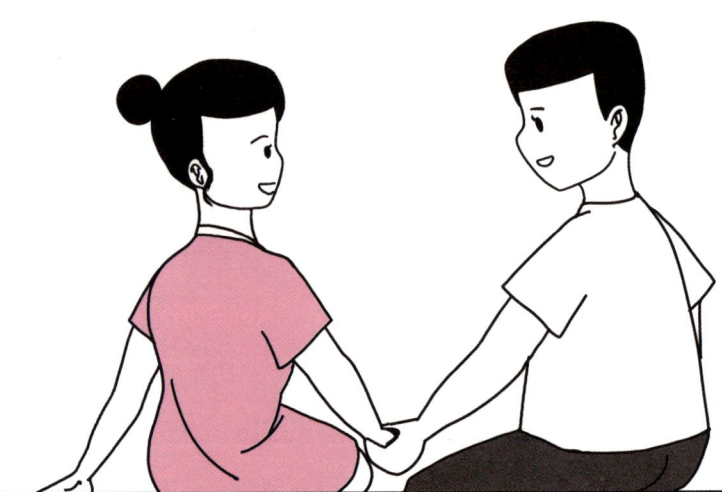

底线

沟通、理解、宽容是幸福婚姻的三大砝码

有人的地方就有矛盾，有矛盾的地方就有争论，因为亲情的羁绊，家庭应该是一个矛盾、争论最小的地方。但居家过日子，不可能没有争吵、没有矛盾，怎样看待这个问题，怎样解决家庭中存在的矛盾，这需要智慧。

对于家庭中存在的矛盾分歧，要怎样解决呢？家庭中的重大决策要听谁的？谁才能够真正地当家做主？有的女人为了取得当家的权利，会忽视甚至违逆丈夫和家人的意见，直到矛盾越来越大，越来越不能解决，分歧越来越多，夫妻、家人之间不能相容，越来越对立，最终家人之间就会产生无法逾越的鸿沟。这时再做弥补，已经晚了，感情的裂痕一经形成，破镜重圆是很难的。

怎样化解家中的矛盾，解决家庭成员中存在的分歧呢？

★首先要弄清楚出现矛盾的原因。是家庭代沟还是看待问题的侧重点、立场不一样，或是本身想要达到的目的不一样。有的时候对于一件事，在短时间看来，的确对家庭没有明显的利益，甚至会带来不便，但是从长期看来还是有好处的，只要有充分的沟通，意见就能达成一致。

婚姻心理学入门：完全图解版

和睦之道

　　同样是为孩子好，爷爷奶奶们更喜欢溺爱孩子，而父母们则更理智。如此，就不妨让老人在生活上照顾孩子，如果他们对孩子过分宠爱，百依百顺，就需要父母们采取智慧的手段来干预。比如借口老人太劳累，把孩子放在托儿所照顾，在周末的时候偶尔让爷爷奶奶照顾一两天。能宽容、能理解，更要有智慧、有方法，否则只能激化矛盾，破坏家庭和谐。

　　★要互相尊重，彼此之间宽容理解。用理解和沟通的方式，弄懂彼此的意图，如果意图是一致的，采取什么样的方式达到这个目的，则不妨各行其是，用各自的方法去达成目的。

　　★当家庭之间出现"家庭代沟"式的矛盾时，做小辈的要能够理解父辈的苦心。不妨设身处地地为对方想想,如果能做到角色互换,体验一下对方的感情,就能够改变自己的一些固有看法,让整个家庭都能够和谐。再者,有的老人和年轻人的意见不同,并不是真的故意发难,也不是真的有分歧,他们只不过想借这些小事,重申自己大家长的地位,希望小辈尊重自己,听自己的话。这时,如果不涉及原则问题,小辈们不妨表现得乖巧一些,也许他们也会让步,并不再坚持己见。

★和家人之间建立"共同语言"。例如有些家庭中家长见多识广,处世经验丰富,可以通过与子女的交流来传授给他们;而子女也颇具一些现代知识、技能,如电脑的使用,也可以传授给家长。这样通过互相交流、互通有无,双方不但能完善自己,而且两代人在社会变革的潮流中,差异也会缩小,冲突便随之消失了。

★如果家庭中真的出现了不可化解的矛盾,双方彼此都不理解也不愿让步,那就需要值得信赖的人及时调解。调解中,一定要以情动人才能够打动双方,让大家各自让步,达成一致意见。感情和面子是矛盾解决的两大障碍,很多的家庭矛盾,都是一些小事、小误解积累造成的,但是碍于面子,谁都不想说出来,时间长了难免造成怨恨,产生分歧。这就要求人们在调解矛盾的时候,要就事论事,不能追根究底,把盘根错节的矛盾纠纷都扯出来,要把感情作为互相谅解的重要依据,想一想能够感动双方的事,提醒彼此曾经的爱情、恩情、亲情,就会使矛盾缓和，使双方各让一步，达成和谐的目的。

　　总之，对待家庭矛盾，要在正常的心态下，加强理解和沟通，尽量让家庭的各个成员为共同的目标而努力。在矛盾纠纷中找到双方共同的目标和价值取向、行为方式；而对双方的生活习惯、感情习惯等存在不同的地方，也要彼此包容，只要不涉及原则问题，完全可以"存异"，用感情去包容那些自己不能理解的事情或改不掉的小缺点，用积极因素消除消极因素，才能达到调和关系、解决矛盾、维护家庭和谐的目的。

争吵有原则，夫妻吵架不过夜

许多人认为，牢固的婚姻、恩爱的夫妻是不存在争吵的。其实，"无冲突婚姻"只是天方夜谭而已。有些夫妻在外人面前可能表现得十分温柔、和谐，但私下里难免在无法妥协的问题上发生重大冲突。

有的人认为夫妻之间适当的争吵，可以使感情更甜蜜。但是，无止境的争吵只会使家庭气氛变得日益紧张，两个人的感情也陷入泥潭。

的确，争吵不可避免，但是我们也要吵得有分寸、有原则，争吵的目的是放松压力，沟通情感，冷静思索，而不是越战越烈，或者从热战到冷战，复到热战，无休无止。

★明确争吵的目的：或者是实现某件事情的协调一致，或者是沟通的一种方式，或者是了解对方的想法。总之，争吵的目的绝不是伤害对方、侮辱对方，更不是破坏家庭团结，让彼此间的关系更紧张。没有人在吵架的一开始就决定伤害对方或者离婚，所以争吵的负性结果往往是在争吵中我们毫无节制地伤害对方引起的。所以想要把吵架控制在一定范围之内，就要遵守一些规则，才可能不伤害对方，才不至于造成不可挽救的结果。在此提议，夫妻们不妨制定一项夫妻吵架守则，有默契地争吵，才会在婚姻中越吵越甜蜜，感情越吵越牢固。

★吵到什么程度：必须点到为止。作为他的亲密爱人，你一定知道他对什么最敏感，最嫉恨别人嘲笑他的哪些缺点，最在意什么人、什么事，他的心理承受能力如何，他的极限在哪里。了解了这些以后，你就要在争吵的过程中尽量避免让他感情受到伤害，吵到一定的程度就必须停止了，不要再火上浇油，让彼此都冷静下来思考。

★在什么时间吵：当然最好在白天，晚上会影响彼此的睡眠，影响邻居的休息。有的人主张性生活前后不宜争吵，因此约定，不许把争吵带到床上。当然，也有的人认为要把有争议有分歧的问题带到卧室去解决，因为语言商量不通还可以借助肢体行动商量。这还要视个人情况而定，如果双方都能够接受，不妨把它当成一种非常规的手段进行尝试。

★在什么人面前吵：建议只有夫妻两个人的时候再吵。男人是很爱面子的，如果妻子当着别人的面和他发生争执，常常会使他下不来台，伤到他的自尊。争吵的时候最好只有两个人，尤其不要在父母和孩子面前争吵，否则会影响到他们的情绪。当父母、儿女好心劝架时，可能会波及无辜的他们。

★争吵中应避免的语言：少说不留余地的话，比如"不管你同不同意，我都要这样做"；不要辱及对方的父母和很敬重的人；不要辱及对方的生理或心理缺陷；避免骂人的话。

第1章 会沟通会协调，让婚姻家庭更温馨和睦

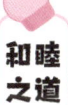夫妻间的吵架，也要吵得有水平、有原则，最好能增加感情，起到打情骂俏的作用。不要因为一场争吵而影响到你们的感情和生活，这是争吵应该遵循的最大原则。

★争吵中应该避免的行为：不要由争吵升级为打斗，这完全是为了女人们着想，尽管你们的指甲很长，鞋跟又高又硬，但是你们的力气太小了，招式也只有固定的几招，完全不是男人们的对手。

第2章

善解人意,看透爱人心思多体谅

婚姻心理学入门：完全图解版

用心感受爱人的心，理解和关爱你的爱人

每个女人都是不一样的，每一个女人的另一半也是不一样的，婚姻中没有固定的相处模式，一千个女人有一千种婚姻模式，不是所有的经验都能够借鉴。能够借鉴的不是经验，而是内心感受，只要你用心，就能够了解对方到底是一个什么样的人，到底需要什么，你们合不合适结婚。

女人要用心去对待自己的丈夫，用自己的爱心和真心去了解丈夫的行为方式，从而决定你们的相处模式。当然，用心不等于不给对方留隐私和空间，看待男人过浅和过深都不好，过浅，流于表面，你就会觉得男人很俗，不理解他们的行为方式，从而产生误会和悔恨；过深，你就失去了和他一起生活的勇气和乐趣。

与丈夫要保持一个适当的距离，要用自己的真心换取他们的真诚。夫妻之间没有必要锱铢必较，但也没有必要一定把真实的一切呈现给对方，只要有足够的诚意就可以了。男人需要坦诚但更要自尊，自尊是他们最重要的东西，尤其在女人面前。

怎样用心了解自己的丈夫，并用一个女人的眼光去理解他呢？

★用心去观察。比如，丈夫下班一回家，是怒气冲冲地进了卧室，还是疲倦地倚在沙发上闭目养神；是兴奋地大呼小叫，还是默默地走进客厅坐下；是饶有兴致地呼朋唤友，还是一直在逗孩子。掌握男人细微的情绪变化，就可以知道他一天的工作是否顺利，你们适宜在家中进行哪些活动。

★认真倾听男人的心事。男人很少会跟自己的妻子进行心灵沟通，一是男人觉得在女人面前要留有一定的威严，习惯性地伪装坚强；二是即使男人有心事，也更愿意和自己的哥们儿或兄弟来分享，而不想给自己的妻子带来烦恼。所以，男人的主动倾诉表明他遇到了极重要的事情需要你的支持，或者把你当作心灵上最亲近的人。如果你错过一个倾听的机会，你也就失去了走进他内心的机会。

★认真对待丈夫的询问。尤其是在突兀时间的突然询问，一定要耐心地回答，不要敷衍他。比如，在深夜，你已经进入了梦乡，他突然弄醒你问"你还爱不爱我？"；再比如，当他的一个极优秀的同性朋友在你家做客，对你流露出极大的欣赏和兴趣，丈夫问你对自己的观感时；当他做了一件自觉很屈辱的事，问你对他行为的看法时……当他询问的话题十分突兀，或者态度很郑重、很紧张的时候，你就要注意了，这是他很在意的事。你可以开玩笑，也可以郑重地回答他，但是不要敷衍他。

★当你不理解丈夫的行为时，你可以保持沉默，也可以要求他解释，但不要追根究底。男人世界的东西本来就有很多是女人无法理解的，既然做出了某种选择，他必定是有自己的理由。男人与女人本身就有讲不清的区别，不要问为什么，只要你明白：他只想让你知道这些，或者你只能理解这些，你只要选择好自己的态度就可以了，是跟他共同进退还是拒绝他。

用你的内心去感受你的另一半，可能不仅仅要用到你的眼睛、你的耳朵、你的嘴，还要用你对他的信任、依赖、感情来看待他。既然他是你的"爱人"，是你用心爱着的人，你对他所有的了解和理解都是非常合理也是非常重要的。

用心去读懂你的另一半，也就能协调好你们之间的相处方式，处理好你们之间的感情和婚姻。

第 2 章 善解人意，看透爱人心思多体谅

和睦之道

男人是马，再烈性的马，只要御夫有术就能够很好地驾驭，而女人是猫，就算再温顺的猫，有时也难免会跳起来抓你一下。男人是数学，再复杂的东西也能够用十个数字和几个公式来概括，女人则是语言学，种类繁多，就算只研究一种也要花掉大半辈子的时间。

给爱"松松绑",偶尔给彼此一点自由

有人对丈夫的定义做了一个有趣的解释,"所谓丈夫,就是他在一丈之内是你的伴侣,在一丈之外他是谁就由他自己决定了"。这样的解释大概就是在告诫女人,不要把自己的丈夫看得太严,不要把婚姻逼得太紧,否则就会把你的婚姻逼到绝路上。

有的女人习惯性地希望丈夫工作之外的时间能够时时刻刻待在自己身边,否则就觉得他有出轨之嫌。很多时候,我们都会看到这样的景象,几个男人聚在一起,突然,某男的手机响了,男人为了面子赶紧躲进卫生间讲话。"你在哪呢?""我和几个朋友聚会呢!""有女人没有?""没有。""那怎么这么安静呀?""我在外面跟你讲话。""那怎么你气喘吁吁的呀?""我刚跳完一段快舞。"然后就是女人的唠叨和男人的不耐烦。可以预见的是,一场家庭大战就此拉开了序幕,夫妻之间的信任出现危机了。

女人应当给予男人一定的空间和信任,这样才能使他感觉到尊重。如果你感觉他真的很不对劲,不应该从语言上进行求证,应该先观察他的行为,然后再决定如何做。

男人在家庭事业之外，还需要其他的空间，比如和他的铁哥们儿一起侃球，和他的同学或者好朋友们一起参加聚会，或者和异性知己高谈阔论，交流彼此感兴趣的话题……这并不代表你的丈夫有出轨的倾向，只能证明他希望享受男人所有的权利，希望享受家庭以外的乐趣。这是他前进的动力，也是他业余休闲的一种方式。有的女人并不理解这些，和丈夫一起上街，男人对哪个漂亮女人多打量了两眼都要引起她的疑心，这样的女人不是对爱情看得重，只是不够自信。

女人对丈夫也要有一定的信任，共同生活了几年，甚至以后的几十年还要和这个男人一起继续生活下去，彼此没有一定的信任，怎能走过风风雨雨？共同生活过一段时间，女人对另一半肯定有一定的了解，他是不是花心的人，会不会因为诱惑而动心，对你们的爱情是否忠贞，是否会弃你而去，他的人格怎样，值不值得你信任，在你的内心一定有一个评价，有一个定论。既然这样，为什么要随便怀疑他呢？相信自己的魅力，相信丈夫的人格，这对于你的婚姻很重要。

还有的女人习惯在经济上控制男人，认为男人的手中没有钱就少了很多放纵的可能。殊不知，这样的控制有多么伤人自尊，试想一个堂堂男子汉，面对突发事件，拿不出足够的钱来应付，是一个多么尴尬的场面。经济上的严格控制，让男人产生了存私房钱的念头，这样他对这个家庭就存了二心，又有什么好处呢？事实上，男人想做的事，无论用什么借口，用什么方法，都是能够做成的，对他的牵制反而变成了他产生二心的借口，这是女人给自己挖的陷阱啊！

女人要懂得在适当的时候、适当的地方放手，要懂得用适度的力道来控制自己的婚姻。爱情就像手中的沙子，越想抓紧，流失得越快。但是摊开双手沙子就不会流掉吗？当然不是。让沙子留在手中的唯一方式就是小心翼翼地捧住，那是一种呵护的状态，要掌握好力道。

婚姻中偶尔失和是必然的，不必过于自责和反思，更不用斤斤计较。用宽容的态度去对待婚姻中发生的一切事，才能够使两个人的关系更融洽。婚姻中必有一个是主导者，一个是妥协者或者跟从者。对于女人来说，如果你占据了主导者的位置，就不能再步步相逼；如果你决定做一个妥协者，就不要时时妄想着收复失地，否则就会产生矛盾和冲突。

在婚姻中，给彼此都留一点隐私和喘息的空间，是对自己和对方的尊重，也是给婚姻足够的回旋余地。一旦双方的感情出现了裂痕，或者婚姻出现了危机，你们正好可以利用这个个人空间缓和紧张关系，还可以使婚姻中的两个人都更有魅力。

在寒冷的冬天，刺猬们如果挨得太近就会刺伤彼此，如果离得太远，又会冻死，经过了无数次的试探之后，刺猬们终于找到了合适的距离，既不会刺得鲜血淋漓，又不会冻得瑟瑟发抖。婚姻中的两个人，也必须经历这样的无数次试探，才能够懂得相处的智慧。

第 2 章 善解人意，看透爱人心思多体谅

和睦之道

有首歌曾唱道，"爱情就像放风筝，握得太紧就会有悔恨"。会放风筝的人都知道，如果握得太松，会让风筝飞得太高而不堪风的力量，最终使风筝断掉；而握得太紧，风筝根本就放不起来。这和经营婚姻的智慧是一致的。

关注爱人，在爱人最需要你的时候出现

对于男人来说，自己的另一半既是他的妻子，也是他的母亲，既是他的女儿，又是他的知己。在他有不同需要的时候，他希望自己身边的女人能够满足他不同的心理需要和生理需要，能够满足他最大的虚荣心和成就感，满足他对功成名就的所有幻想。

男人需要什么？有人说"女人和权力是男人最终追求的一切"。然而这只是表面上的，男人内心真正需要的只有两样，那就是内心的"安全感"和"荣誉感"。无论是女人还是权力，都是为了满足男人的这两种感觉。

在人生的追求上，男人需要事业和成功。这两点是分开的，事业是为了让自己有踏实奋斗的感觉，体现了生命价值；而成功是为了自己的荣誉感，有被人尊重、被人敬畏的感觉。前者属于"安全感"的范畴，后者属于"荣誉感"的范畴。

而在对女人的追求上，男人同样需要这两点。男人的"安全感"来自女人对他的忠诚、支持和仰慕；男人的"荣誉感"一方面来自女人对他的渴望，一方面来自其他男人对自己女人的赞赏甚至嫉妒。

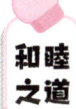

第 2 章　善解人意，看透爱人心思多体谅

和睦之道　当男人觉得一个女人了解自己、支持自己，和自己拥有共同的志趣并且灵魂相契时，男人就会非常满足，甚至会因美人而弃江山。女人要懂得男人需要什么，还要看清楚男人在什么时候需要什么，男人并不总需要激励，也不总是需要安慰，在他不需要的时候给他不需要的东西，任何人都是会产生反感的。

安全感　　　荣誉感

当女人仰慕、敬重、需要、渴望一个男人时，她会给男人这样一个讯息，"你是我心目中的英雄""你是我眼中最重要最伟大的人""我不能没有你"，这一方面满足了男人的安全感，同时又刺激了男人的另一种感觉，也就是荣誉感。

但这样的讯息也是有负面作用的，那就是使你的男人虚荣心膨胀，认为你已经被征服，已经不需要悉心呵护你们之间的关系和感情了。所以，这样的表达还是适度为好，起码在表示"我很崇拜你""我很爱慕你"的同时别忘了表达另一种讯息，"但是，我是自由的，我更爱自己"。

那么，男人在不同的人生阶段，在不同的情绪下都需要女人做什么呢？

★当他得意的时候，他需要的是最亲近的人给予的赞赏并能分享这份喜悦。这时候，女人不要以冷水泼他，至少暂时不要。和他共同享受一份尊荣是作为为他牺牲的女人的权利。如果他一直沉浸在得意中不能清醒，这时候才有必要提醒他，一山还有一山高，应该继续努力攀登，享受更高的荣誉。对于"笑到最后的人笑得最甜"这样的话语，一定要在男人陷入虚荣的光环中不能自拔的时候再说，否则就会引起他的反感。

★当他失意的时候，最需要的是从女人那儿得到肯定，依靠女人的温情来放松自己，进而重建自己的信心。当昔日的英雄落难，他需要有人对他说"我相信你肯定能站起来""失败只是暂时的""正好可以趁此机会好好休息一段时间，我们趁着这段时间清闲休养一下吧"。

★当他徘徊不定、犹豫不决的时候，他需要的是你的支持，你对他意见的肯定。比如，他不能够肯定自己是否要放弃目前的稳定收入，去从事一项风险极大，但前景可观的事业，他需要女人对他说,"我相信你可以的"或者是"你去吧,就算失败了,家庭还有我来支撑呢"。

男人在什么时候需要什么样的情感安慰,对于不同的男人可能有不同的解答。可以肯定的是,大多数男人在特殊的时刻,都需要女人的别样温情。只有了解男人的需要,并且满足这些需要,婚姻才能够幸福。

抓大放小，婚姻中不可事无巨细

据说有这样的一个小笑话，一个女人收到了英国女王的请柬，朋友们问她，准备好了吗？她紧张兮兮地答道，"我正在犹豫穿哪条裙子去见女王呢"。事实确实如此，有些女人很容易纠缠于那些鸡毛蒜皮的小事。

比如，"你五点下班，从公司到家一共三站地，怎么回家比平时晚了十多分钟？""明明告诉你某个牌子的酱油味道才鲜美，正好做这道菜，为什么又买错了？""为什么非要在情人节买玫瑰花送给我，你不知道情人节前后，一朵玫瑰花要涨十倍的价吗？""新买的裤子，第一天穿就让烟灰烫了个洞，这套西装要几千块钱呢，全毁在你手里了。"诸如此类鸡毛蒜皮的小事，女人偏偏不肯睁一只眼闭一只眼。

对于男人来说，和女人讲这些道理无异于对牛弹琴。谁愿意因为一个烟灰烫的小洞而不停地解释？而女人却纠缠起来没完，使男人非常火大。何必呢？有时候这样的女人看起来很可怜，很无辜，实际上却完全是自取其辱。

在女人的世界里，她们能够把所有的大事分解成吃饭、穿衣打扮类的小事。然而在男人眼里，大事小事是很分明的，这也许就是男女的不同。所以，男人通常会对女人因为一点点小事对自己喋喋不休而感到不解。其实这不过是女人的天性，但两个人生活，就是要彼此适应，要么让男人接受自己的观点，要么让自己宽容一些，不要太拘小节。

让男人理解女人纠缠于小事的行为，简直不可思议。所以，女人必须自己做出改变，虽然生活是由琐碎的事组成的，但是对于那些无关痛痒的小事，我们还是不要太过纠缠，不要太注重，不要反复地强调。

★对于没有造成严重后果的事，即使你觉得对方犯了很大的错误，自己受了很大的委屈，也不应该没完没了地纠缠。和你约会迟到几分钟，不会有什么严重的后果；和异性过于亲近可能会发生一些事情，但是那真的发生了吗？有时候只不过是你的一种臆想而已。女人会在想象中把一件事情想得很糟糕，但是没有事实上产生严重后果的事情，其实没必要纠缠不休。

★对男人的疏忽或失误，不要批评起来没完。谁都免不了因一时疏忽而造成失误，但没有一个人喜欢有人总是在自己的耳边强调自己犯的错误，尤其是不太严重的错误。

★无所谓对错的事，不要强迫别人顺从。如果一件事无关紧要，只不过是两个人的意见不同，那就不妨分头行动，谁也不妨碍谁，不要强迫别人顺从你。像今天吃什么饭，星期天去哪儿玩，下班时间怎么打发等小事，要灵活掌握，今天听你的，明天听他的，或者分头行动，都是很好的办法。

和睦之道

对男人的疏忽，女人要学会睁一只眼闭一只眼，不要因为一些细枝末节而破坏了夫妻之间相处的浪漫氛围。女人虽然也喜欢浪漫，但是又总会在小节上计较，老公送你一件毛衣，不是嫌太贵了，就是嫌款式不够称心；送你玫瑰花，又会嫌不够实惠；送你首饰，又嫌和这件衣服不配，和那件衣服不搭，缺少佩戴的场合，等等。总之，女人似乎总是难以讨好，这让男人很郁闷。

★女人要懂得从男人的角度想问题，他想要的不过是温馨的日子而已，而女人对小事的纠缠总是给两个人的婚姻生活带来很多烦恼。不妨撇开那些鸡毛蒜皮的小事，好好地过清净的日子吧。

无论何时，都要温柔对待你的爱人

男人也是非常脆弱的，只不过女人的脆弱在表面，男人的脆弱却在心里。婚姻中的女人一定要看到男人坚强外表下那颗脆弱的心，适时地给他慰藉，他才可能真正把你当作知心人，把家庭当成避风的港湾。

男人不是超人，他们同样有喜怒哀乐，有压力，有困惑，有感情脆弱的时候。男人看似强壮，其实，在强壮的外表下面，绝大多数男人却有着一颗相当脆弱的心。但是男人的脆弱不会轻易显露出来，这是由他们从小受到的教育决定的。男人从小就被教育"男子汉大丈夫要坚强""男儿有泪不轻弹""男儿膝下有黄金"，因此，男人很少表现自己脆弱的一面，但这并不代表男人不脆弱。他们只是比女人更会忍耐，更会隐藏，只有女人最敏锐的心灵才能发现他们真实的内心。

如果女人不能理解这一点，就会对男人作出诸多苛责，诸如，别人做得好，你为什么做不好？男子汉应该顶天立地，有所作为，决不允许妥协和软弱。这样你就刺激了他的自尊心，如果有一次他发现自己的真诚没有得到应有的重视，此后便会将心门锁住，再也不能敞开心扉，这样你就失去了和男人心与心交流的机会。既然决定爱一个男人，就要理解他，学会欣赏他的长处，学会安慰他的脆弱心灵，千万不要轻易触碰他那脆弱的灵魂和自尊，否则你不但得不到他的爱情，反而会让他困顿，对你产生反感。

一个聪明的女人会在应该柔弱的时候柔弱，应该坚强的时候坚强，应该宽广的时候宽广。一个聪明的女人，会让男人在家中感受到应有的温暖和安慰，感受到心灵的慰藉，在温情的抚慰中产生战斗的勇气。

男人的外表看起来坚不可摧，其实内心却脆弱无比。他们时刻要求自己要坚强，要表现自己强大不可战胜的一面。但是他们同样也有压力，也有疲倦，也有困惑不知所措甚至绝望的时候。因此他们也渴望被关爱，在疲倦的时候，有一个心灵的港湾，可以倾诉、栖息。

其实，男人不经意间流露出来的脆弱，正是男人最真实的一面。男人的脆弱，拉近了他和女人之间的距离，让女人萌生出怜惜之心。

一个强硬的硬汉形象，往往和圣人一样是虚幻的，正是因为有了埋在女人怀里痛哭流涕，像婴儿一样的男人，婚姻和家庭才有了真实的感觉。当你知道他也是脆弱的，他也需要你的支撑，你就会对家庭产生一种责任感。如果男人没有脆弱，一直以保护者自居，那女人也会失去参与的热情，家庭的维系也就很危险了。

婚姻心理学入门：完全图解版

和睦之道

男人的脆弱，让我们看到的是一颗真实的心。女人应当为此而欣喜，因为这证明你是他最亲近的人，只有最亲近的人才能让男人卸下坚硬的外壳，露出最真实的一面，只有最亲近的人才能分享一个男人心底的脆弱，才有资格拥有这个男人，才有资格安慰他。

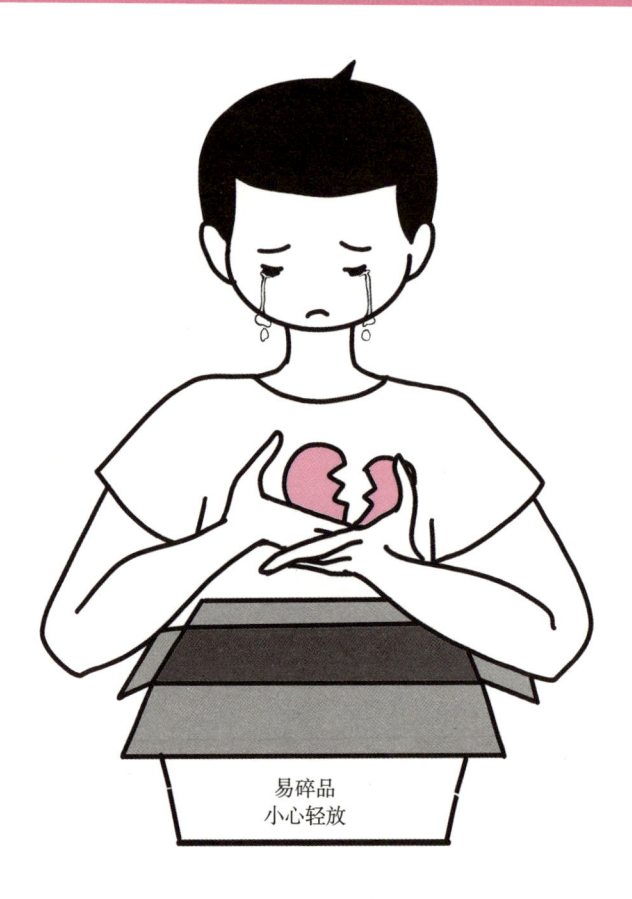

易碎品
小心轻放

女人不要天真地以为，男人就是要坚强，是天经地义的，也不要以为他的付出是应当的，是一个男人的责任。男人的确应该对家庭负责，但他绝不是没有情绪的机器人，更不是任劳任怨的仆人，女人要学着理解男人。

学着看清男人的脆弱，当你的伴侣突然怀疑人生的意义，怀疑他之前努力的价值和意义，想要逃避的时候，女人要告诉他，你做的事有非凡的意义，我为你感到自豪，我因此而幸福。当男人想暂时逃避的时候，女人不要着急埋怨他，贴心地陪他休息几天。当他失意或者不顺心的时候，女人的怀抱就是男人的世界。当他伤感、被好友背叛、被众人冷落、感觉走投无路的时候，默默地牵住他的手，告诉他，就算全世界离你远去，至少你还有我的陪伴。

男人很容易脆弱，也很容易被安慰，只要你有足够的耐心、足够的温柔，就能够让他在天亮前准备好投入下一次奋斗。女人要用自己的心默默关怀你的另一半，看到他坚强外表下那颗脆弱的心，默默地安慰他，抚平他内心的伤痕。读懂男人脆弱的内心，才能够在婚姻中找到女人的幸福和价值。

找到沟通技巧，避免一味地唠叨

唠叨是女人的一种沟通方式，但这种方式肯定不被男人认可。大多数男人都非常讨厌这种没有营养的语言，要么装聋作哑，要么大吼一通，长此以往，婚姻中的幸福也在唠叨中一点点地磨尽了。

也许在婚姻的初期，男人还能容忍你一边唠叨，一边收拾、整理他的书房；一边对他念叨，一边洗他的脏衣服。在新婚时这或许是一种爱的表达方式，但是长此以往，男人就会对你的这种交流方式表现出不满，甚至是厌烦。

知道唠叨对你的婚姻有多大的伤害了吧！当然，唠叨也有好处：日本著名心理学家龟田寅二教授对五千七百余名24岁以上的女性调查后发现，半数以上的年轻妇女喜欢跟她们的丈夫或好友倾诉内心的痛苦和烦恼，借以消除精神上的压力和思想上的苦闷情绪。通过唠叨，满腹的忧愁苦闷就可以从体内发泄出来，沉重的思想负担得以缓解或消除。所以说，唠叨属于女性调节情绪平衡的一种有益的"宣泄法"，是女性一种特殊的健身之道。

对于这样的健身之道，偶尔为之尚可，但是时间长了，任何人都受不了。没有人愿意总是当别人的情绪垃圾桶,如果你实在受不了工作的压力,内心感到痛苦,不妨辞掉工作,休养一段时间。或者也可以在丈夫不在家的时候,对着空气大骂一通,气出来了,也就好了。

还有一种唠叨,最使男人难堪和愤怒,那就是"挑剔式唠叨"。如果你总是对自己丈夫的每一个希望和心愿猛泼冷水,任谁都受不了。

当然,唠叨的害处不仅这几点,女人必须要过滤自己嘴边想说的话,使自己说出来的话,不至于伤害到丈夫,更不至于伤害到你们之间的婚姻关系。

★吃醋嫉妒的话,不要一而再、再而三地强调,尤其是他的女同事、女下属的醋不要乱吃,因为她们都是配合你的男人开展工作的,只要男人把握好分寸,就不会出乱子。而女人的猜忌、唠叨,不仅影响他的工作和成功,还可能会把自己的男人推到别人的怀里。

★对于男人生活上的小缺点,如果在你的忍耐范围内,就不要再唠叨了,男人是不可能改掉那点小毛病的。诸如衣服不要乱放,臭袜子为什么不洗,能不能不看球赛这一类的话最好少说,对于这样的唠叨,男人会把它当成耳旁风,而你几乎发疯。唠叨迫使男人装聋作哑,对方"聋哑"了,你却觉得他对你不够重视、不够尊重,甚至会因此而生出愤怒,因此而吵架甚至离婚。

和睦之道　男人需要的是认同和称赞，而不是反驳和不屑，是嘘寒问暖，而不是喋喋不休。这样的话语，会把男人奋斗的热情、工作的冲劲全部浇灭。永无休止的挑剔会让男人丧气、失去斗志，把一个原本上进心十足的男人变得庸俗、平凡。

> 老婆！我升职了！

> 取得了一点点成绩就沾沾自喜了，瞧你这点出息。

★对于男人工作上的事，不要太过挑剔，世界上功成名就的男人只不过是一小部分，你想要一个事业成功的丈夫，先做他背后成功的女人吧。如果做不到，就原谅你丈夫的平凡吧，不要再把他和那些成功人士相比，因为你也不能和人家的太太比。

★对于男人和什么人交往,也不要过于干涉。你眼中的狐朋狗友,说不定正是他的至交,唠叨他们的缺点,会让你在丈夫眼中的地位下降。不如试着走进他的圈子,接纳他的朋友,建立起夫妻两人共同的社交圈。

总之,唠叨不是一种好的沟通方式,男人非常讨厌女人的唠叨和挑剔。如果你不想唠叨,又想改变男人的某些行为,那就寻找一种更为高明的交流方式吧!

第3章

善于交流,与爱人共建一条沟通的渠道

互相珍惜，共建沟通渠道

婚姻中的两个人想要随时了解对方的想法，想要获得更和谐的关系、更幸福的生活，就要建立良好的沟通渠道。如果沟通渠道堵塞，两个人之间就难免产生误会，进而彼此生疏。夫妻两人要常常在一起交流，才会觉得融洽，才会更加熟悉。

夫妻两人可以约定一个时间，彼此交流思想，也可以通过别的特殊方式进行交流沟通，总之，夫妻双方要有一种默契，就是要通过多种行为方式、多种手段进行彼此的了解沟通，日常交流要每天都进行，情感交流和思想交流则可以选择一个特殊的地点、特殊的方式进行。

通常，夫妻之间有哪几种沟通通道？又需要注意哪些沟通的细节和技巧呢？

★饭桌上的沟通。在饭桌上，不仅仅是吃饭而已，你们可以在饭桌上，把今天的趣事讲出来，把你的心愿、期待讲出来；也可以在饭桌上提一些有趣的建议，讨论关于家庭的开支或者其他方面的内容。轻松的进餐环境，让你可以随心所欲地谈一些事，当然，最好是讲一些快乐的事，否则，影响进餐氛围也是不好的。

第3章　善于交流，与爱人共建一条沟通的渠道

和睦之道　很多家庭都把餐桌作为交流沟通的重要基地，当成一种好的沟通渠道，一家人其乐融融地围着桌子吃饭的时候，如果说点什么趣事，是很合时宜的。

★卧室中的沟通。对于比较隐私、儿童不宜的事情，当然应该放到卧室中去处理；还有一些容易发生矛盾的事，也应该到卧室中沟通，免得孩子们看到你们争吵，产生不良影响。

★书房中的沟通。对于比较重要的事，最好还是放到书房去沟通，比如，关于家庭理财，关于赡养老人，关于你们之

间某个人的深造、跳槽、转行等，只有权衡好利弊，让双方都能够充分理解，才能够实施。千万不要心血来潮，瞒着对方就决定了某件事，最后引起分歧争吵，或者造成生活上的种种不便，再后悔就晚了。

★生活中还有其他的一些机会和环境适宜沟通交流，女人要善于抓住机会和男人进行交流。女人也要对男人的喜好有所了解，闲暇时可以就男人喜欢玩的某款游戏展开讨论，对哪个球员的技术好、哪个球队应该会取胜展开激辩，这对于男人来说，都是难忘的记忆。

★通过语言以外的手段进行沟通。比如通过眼神沟通，男人通过女人暧昧的眼神、风情的媚眼就知道女人心中所想；通过表情沟通，内心的情绪通过表情得以表达，夫妻双方观察对方的表情，便可以知道对方的所思所想；通过肢体语言沟通，比如两个人吵架以后，女人常常背过身子不理对方，表明自己还在生气，这时男人从背后抱抱女人，哄哄老婆，自然就会柳暗花明了。

★通过暗示沟通，作为女人要明白男人的暗示。比如，男人一般不会问"如果我背叛了你怎么办？"如果有一天，他真的借助某个话题或者某个故事情节，问了这个问题，女人绝对要慎重地对待。这往往是他想要出轨的前兆，或者有了某种程度的不忠，女人不要把这种暗示当成笑话听，只需就事论事地告诉他，你将会采取何种措施。

总之，一个家庭要建立良好的沟通通道，只有通道不堵塞，沟通才能到位，夫妻双方才能彼此理解，互相珍视，婚姻才能更加幸福。

会沟通是婚姻幸福的前提

沟通是了解对方、解除误会的一种方式。想要了解对方，获得理解和支持，沟通是唯一的渠道。如果没有良好、顺畅的沟通，人和人之间难免产生误会与隔阂，夫妻之间的关系就会越来越远，越来越生疏，婚姻也就失去了本来的面貌和意义。

婚后，很多夫妻因为生活压力越来越大，工作越来越忙碌，一到家就想躺在床上休息，总是忽略了沟通；要么就是觉得老夫老妻了，彼此一个动作、一个眼神就明了对方的意思，用不着做无谓的交流，没有沟通的欲望；有的夫妻并不是不想沟通，也不是没有沟通，而是沟通方式出了问题，一个总是在滔滔不绝地说，一个总是充耳不闻；或者两个人唯一的沟通方式就是争吵，争吵后就是冷战，周而复始，使人陷入疲惫的怪圈。

凡此种种不恰当的交流，或者夫妻双方缺少交流，是造成夫妻之间矛盾升级、误会重重的主因。女人想要家庭和谐、婚姻幸福，首要的条件就是要和家人有正常的沟通。和丈夫之间的沟通无疑是最重要的，两个人既然选择了一起生活，就应该尊重彼此的意见，做决定的时候不能总是一个人说了算，而不征求对方的意见。

交流的方式有很多种，其中最普遍的三种就是：直接陈述，倾听，询问。每一种方式都有不同的适用场合，如果能够熟练应用这些技巧，就能够让你们的交流变成良好的沟通；如果处理不妥当，就容易引起矛盾，甚至导致对方拒绝讲话，或者拒绝倾听。

★直接陈述一件事的时候，最好用"我想""我希望""咱们是不是应该"等比较委婉的方式来表达你的意愿，也可以用反问句，因为反问句表达的也是一种明确的意愿。聪明女人要学会用这种明确表示自己意愿而又语气柔和的方式来陈述自己想做的事，而不要用诸如"你老是""你从来""人家总是"这种带有抱怨色彩的语句来表达意愿。比如，你想出去露营，可以这么说："咱们这周六去露营吧！"而不要以抱怨的语气来表达："咱们好长时间没出去玩过了，你从来不顾及人家的感受，这周六我想出去露营。"要知道，后面一种方式不但让男人觉得厌烦，连你自己也会感觉到委屈。想做一件事的时候，先把自己的情绪破坏了，这是多么遗憾的事情。

★当你倾听的时候，一定要用专注的态度来表达你的倾听意愿，不要一边听别人讲话，一边看电视或者做家务。这容易让人误解为你不想听他的谈话和意见，你的心不在焉，是对讲话者的不尊重，会直接影响他的情绪，对于交流是有很大伤害的。尤其是对本来就沉默寡言的男人来说，当他好不容易鼓起勇气，郑重其事地表达自己的意愿或者倾诉自己的情感时，你采取的却是这样一种毫不在意的态度，肯定会伤害他的真心和自尊，男人的自尊一旦被伤害，他就会永远地对你闭起他的心门，交流的通道从此就阻断了。

★当你的丈夫偏于内向，或者对什么事都很淡然、无所谓的时候，你要采取询问的方式，引导他表达出自己的意见。当他对你的询问无动于衷的时候，可以给他一个可选择式问题。比如，你问他："明天就是周日了，咱们去干什么呢？"他也许会说："随便吧。"这样你就可以顺势问他"我想带孩子去玩，你看是去动物园，还是去游乐场？"对于这种选择性的问题，男人们还是喜欢回答的。

上述只是当你们的意愿一致，或者是遇到很平凡的状况时可以采取的交流方式。当遇到两个人的意志相左或者产生矛盾时，你们双方都应该把自己的理由充分地表达出来，进行一番交流沟通，继而达成一致意见或协议，而不应该各行其是，强硬地让对方接受自己的意见。

第3章　善于交流，与爱人共建一条沟通的渠道

和睦之道

良好的沟通方式有助于两个人更加了解对方，有助于双方进行更好的交流，顺畅的交流才能让夫妻的关系更和谐，家庭更幸福。

家庭幸福的首要条件是良好的沟通！

与爱人沟通，千万不可伤其面子

男人最重视面子，有些话如果说得技巧不够，极容易引起他们的反感。女人讲话必须讲究技巧，有些话要直着说，有些话要委婉一点，有些话分场合说，有些话永远都不要说。总之，在讲话之前如果能够想想对方的感受，也许你就会谨慎得多，也就不会脱口而出许多伤人的话。那么最不能跟男人使用的讲话方式和谈论的话题都有哪些呢？

★"你这个人……"的叙述方式。"你这个人……"通常和批评、指责联系在一起，比如，"你这个人太不替别人着想了，那么晚不回家，不能给我打个电话吗？""你这个人太不负责了，这明明是你的错误……"谁都会犯错误，但是"你这个人……"把某个错误扩大化了，上升到了人格的缺陷上，如果你经常使用这样的叙述方式，男人的性格可能真的会越变越糟糕，这是一种消极暗示的结果。

★以先入为主的方式去沟通，在沟通中不去理解对方，也不试着了解他的真正意图，不想达成一致，只想着去反驳对方。比如，"你这么说不过是想推卸责任……""难道你没犯一点错误吗？""你当时想过我的感受吗？"这样的句子，这种沟通方式，其目的不在于听对方的解释，而只在于反驳对方，表达自己的激烈情绪，对事情的解决没有任何帮助，会引起男人的无力感。反正他怎么解释，他在你心中的形象就是这样的，做事总是自私的，那也就无所谓解释了。

★以"你总是……""你从来……"这种叙述方式开头的句子会传达一个观点：你拒绝相信别人的想法是真的，是正确的，你只认为他在敷衍你，或者欺骗你。这样的句子会把你的猜疑、不信任和反对表达出来，而且是直接否决了别人过去对你做的事情的意义。比如"你总是自以为是""你从来就只知道顾自己"等不但否决了这件事，同时也否决了你们美好的过去，是最有杀伤力的言语利器。

那么男人最不能接受的话题有哪些呢？

★批评、侮辱类的话最好不要说，尤其是不要进行言语上的人身攻击，这会严重地伤害男人的自尊和自信，让对方陷入自卑当中。比如"你真没出息，你这辈子别想出人头地"这一类的话，永远让男人听而生畏，对你们之间的关系绝无好处。

★对他的"浪漫观点"加以揶揄或嘲讽，会伤害他的自尊心。比如，你的老公说："要是咱们有那么一栋面朝大海、春暖花开的房子该多好啊！"你却毫不留情地回答："现在房价那么高，按照市价，这样的小别墅，你得奋斗一百多年，也就是两辈子，还是别做白日梦了。"这样没有情调的话，还是少说为妙，缺乏浪漫细胞的女人是最让人无奈、最容易让人厌倦的女人。

婚姻心理学入门：完全图解版

和睦之道

有些话如果没有价值、没有意义，对你的丈夫没有帮助，对你们两人之间的感情没好处，最好不要说。有些话虽然有必要说，但一定要讲究技巧，否则就会引起对方的反感，日子长了还会堵塞沟通通道，让你们两个的关系越来越生疏。

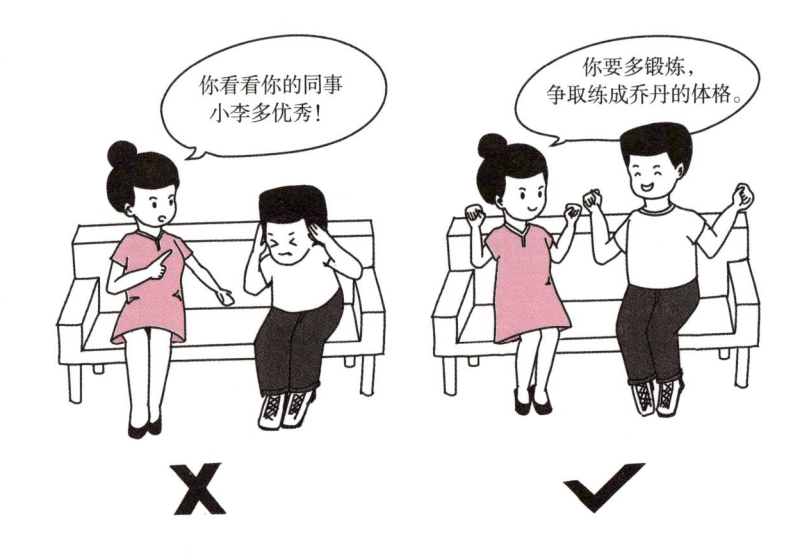

你看看你的同事小李多优秀！

你要多锻炼，争取练成乔丹的体格。

✗   ✓

★不要把他和优秀的男人对比，他会感到被奚落。男人对同性向来带着一点嫉妒，带着一点不安全感，尤其是对自己身边的男性。比如，你的上司，他的同学、朋友，甚至他的父亲、兄弟，最好都不要拿出来和他对比。如果你真的想数落他了，也不妨拿他和那些真的非常优秀而且距离遥远的人作比较。

★否定他成绩的话最好不要说。比如,你的丈夫最近谈成了一笔大的业务,非常得意,你却打击他:"就这么一次,有什么好炫耀的?""你以为你这就算成功了,早着呢!""某某比你强多了!"……这类否定他成就的扫兴话,会浇灭他所有的工作热情,让他的得意化为失意,也会阻碍他的进一步发展。

甜言蜜语，为婚姻加点糖

婚姻中，我们要多说一些有建设性的话，有助于增进夫妻感情的话。男人需要女人的甜言蜜语来滋养感情，来肯定自己的成就和地位，肯定自己对家庭所作出的贡献。女人要多说一些甜言蜜语来哄老公高兴，让全家快乐。

有时候，男人就像孩子，是需要哄的。哄一哄，他就高兴了，你也从中获得了作为爱人的满足感。从某种程度上说，婚姻的和谐之道就在于能够彼此相互哄一哄。甜言蜜语是用来为婚姻增色、为爱情添砖加瓦的。那么，我们要常常对对方说哪些甜言蜜语呢？

★鼓励和赞美的话。想要男人心甘情愿地去奋斗，就不要逼他、抱怨他，或者把他和其他人进行比较，而应该进行激励和鼓舞。妻子的赞美能够最大限度地激发丈夫的潜能，针对他的优点给予恰到好处的赞赏，能够帮助他最大限度地施展出他的个人才华，给他足够的信心去追逐成功。

★崇拜的话。女人的崇拜能够给男人巨大的力量。任何人都希望得到别人的崇拜，都希望别人用尊敬、仰视的目光来看自己。对于妻子来说，可能因为对丈夫过于熟悉，也就自然而然地缺少了崇拜。这也许就是距离太近的缘故，然而男人需要女人的崇拜，这种崇拜是对他成绩的最大肯定，如果作为妻子，你给不了他，那你希望谁给他呢？所以，不妨在丈夫做了一件得意事的时候，恰当地表达你的崇拜之情吧，想必，他会非常享受的。

★**体贴的话**。很多女人表达体贴的方式有待改善。比如，很多女人都以河东狮吼的形式表达自己的关心和体贴，这非但不能得到男人的感激，反而会引起他的反感。想要表达对丈夫的关心和体贴，就要用温柔的语气，担心的目光来表达，比如"少抽点儿烟行吗，你这几天有什么烦心事啊，再烦恼也要当心身体，人家多担心啊！""赶快休息吧，夜这么深了，事情是做不完的，身体却是自己的。"在表达对对方体贴关怀的时候，适当表达自己的忧心，更能让对方感觉到你的情意，不失为表达体贴的一种好方法。

★**表达情意的话**。诸如"我爱你""你真是我的好老公""太感谢了"之类表达浓情厚谊的话，不妨常常挂在嘴边。有些话，出于东方女子的含蓄，我们不习惯常常挂在嘴边，就要用有技巧的方式表达出来。

★**表达自己对目前生活满意的话**。比如"我觉得咱们这样特幸福""看咱们一家三口多快乐"等。幸福是需要提醒的，当你表达出自己的快乐、幸福的时候，对方也能感受到快乐，同时他也会有一种满足和自豪的感觉。

和睦之道

你也可以借助特殊的日子，比如，他的生日、结婚纪念日等，把温馨的、充满爱的私语藏在卡片里，想必对方也能感受到你的浓情蜜意。感激的话、安慰的话可以随时说，也可以遇到特殊的事件时再说，总之，能够表达你的情意、能够增进你们甜蜜爱情的私语，要常常表达出来。

总之，婚姻中离不开甜言蜜语，越会表达自己甜蜜的女人越能够得到更多的幸福和快乐，她的婚姻也越稳固、越幸福。

第4章

豁达包容，别与爱人斤斤计较

包容你的爱人，别苛责对方

在婚姻的初期，夫妻双方往往都能够包容爱人的一切，在日后的生活中，却总会渐渐淡忘了那份爱，变得挑剔起来。当初眼里的优点甚至变成了缺点，当初能够包容的小缺陷，也变成了无法容忍的大毛病。张爱玲在这一点上看得最通透。她在作品《红玫瑰与白玫瑰》中说道："娶了红玫瑰，久而久之，红的变成了墙上的一抹蚊子血，白的还是'床前明月光'；娶了白玫瑰，白的便是衣服上的一粒饭粘子，红的却是心口上一颗朱砂痣。"

岁月的确能够磨灭曾经的浪漫与激情，能够让相爱的男女变得相看两厌。但是愚蠢的男女才会让岁月把爱情的美酒变酸，明智的夫妻能够把爱情的美酒好好地封存起来，年岁越久，就会越香醇。

结婚之前，两个人可能经过了一段时间的恋爱甚至试婚生活，所以双方对彼此都有了一定程度的了解，虽然爱情可以蒙蔽一个人的眼睛，但你选择的另一半有怎样的缺点，肯定有迹可循。结婚之前你必须想清楚你是否可以包容他的缺点，是否愿意和他共度一生。

第 4 章 豁达包容，别与爱人斤斤计较

和睦之道

想一想，一个上进心很强的女人却和一个玩心很大、散漫的男人结婚了，以后的日子将会是怎样的灾难。有些在别人眼里根本不算什么的缺点，也许正是你绝对不能容忍的，如果找到一个有着你绝不能容忍的缺点的男人做伴侣，将是一个女人一生的不幸。

> 我不想去，现在咱们要以事业为重。

> 咱们找时间去旅游吧！

每个人都有改不掉的缺点，比如有的男人粗心，就算他们有心让自己变得细腻一些、体贴一些，改变也是有限的，比起那些天生就敏感细腻的女人来说，他们永远稍逊一筹。如果结婚之前就明白这一点，肯定就不会在日后数落计较他的不体贴。在结婚之前，决定是否和另一个人相伴一生，不应该看他有多少优

069

点，而应该看你是否能包容他的缺点，就算只有一个小小的缺陷，但那是你不能容忍的，也应该拒绝和他结合。包容一时很简单，包容一辈子却太难，要知道，你不能容忍的一个小小的缺点会在日后扩大成致命的缺陷。

可以肯定的是，大多数的女人都将理智地嫁给一个自己可以包容他的缺点、他也可以包容自己缺点的男人。然而，在漫长的岁月中，能否继续包容则要靠两个人的相互努力。一方面要知道对方反感自己的哪些缺点，慢慢地加以改正，另一方面也要慢慢地适应对方，包容对方的所有缺点。岁月的确能够把一个人的缺点放大，但是也能够把一个人的心胸变得宽广。

对于对方固有的脾气和特点，不要奢望对方可以改变。二十几年三十几年养成的特性，就算是为了爱也不可能一朝改去，男人不能，女人也不能。所以，如果有人希望你可以改一改某些行为或习惯，以符合他心目中的形象，这种人你可以直接拒绝了。爱一个人就是爱他的一切，爱他的优点和缺点。他的一切看在你眼里都是好的，都是优秀的，都是得体的。在漫长的岁月里，女人要有一点盲目崇拜、盲目欣赏的勇气，这不是迷信而是相处的智慧。

挑剔的女人会让男人过得不自在，自己也万分紧张；想改变男人的女人最终改变不了男人，反而让自己也很伤心。潇洒的女人不会跟自己过不去，她们明白自己的爱人有什么优势，从而在这些优势上鼓励他们，欣赏他们；而对于他们的缺点，她们却不会勉强他改掉,她们知道自己不应该是严厉的老师,而应该是温柔的妻子。

聪明的女人选择包容男人的缺点,甚至为他遮掩。她们有一颗温柔的爱心,她们用这颗爱心去包容男人的一切,去经营自己的婚姻,所以她们的婚姻看起来永远是幸福温馨的,她们的丈夫是最疼爱她们的,因为男人们知道,眼前的这个女人是全心全意为着自己的。

用爱来包容婚姻中的一切,女人才能够更加幸福,家庭才能充满爱,充满快乐。

适时装糊涂，"傻"一点让对方更轻松

有人说："幸福的婚姻是由一个视而不见的妻子和一个听而不闻的丈夫组成的。"婚姻中两个人的相处不可能处处顺心，另一半说话也不可能总是让你如沐春风。有的时候，睁一只眼闭一只眼比睁大两只眼要聪明得多，左耳朵进右耳朵出要比专注凝神地倾听好得多。

两个人相处的智慧在于分寸恰当、似清醒还糊涂，而不在于双方多么精明，责任划分多么清晰。斤斤计较不但让自己感觉疲惫，还会让对方感觉厌倦，因此最好的相处之道就是难得糊涂。"难得糊涂"当然不是真的糊涂，而是凡事不斤斤计较，给对方适当的空间。糊涂的表现也有两种，一种是凡事不过于计较，让自己的神经大条一点，迟钝一点，就不会因为一点点小的伤害而感到伤心难过，也不会苛责别人了；另一种则是大智若愚，该装傻的时候装傻，不但可以让你变得更加可爱，还能让你们之间的关系变得更融洽。

有句话说"成大事者不拘小节"，女人在平时的相处中也要有不拘小节的勇气。生活中难免有磕磕碰碰，双方的关系也不可能始终如一，不拘小节的女人懂得在平时忍让，在小事

上谦让，表现得大大咧咧，糊里糊涂，因此即使她犯了一点小错，大家也能够原谅她。不拘小节的女人看淡利益，甘于吃亏，不过于计较，旁人因而会觉得自己亏欠了她，自然地生出一种补偿心理。表面上看吃了亏，实则赢得了人心；就算在整个家庭里吃了亏，但是丈夫能够体谅你，知道你吃了亏，受了委屈，自然更加爱你。

如果自己吃了一点小亏就斤斤计较、大吵大闹，不但改变不了事实，还得罪了很多人，自己生一肚子气。自己"糊涂"一点，对伤害迟钝一点，就不会感觉委屈，不会总是感到伤心难过，何尝不是莫大的好处呢？

"糊涂"的另一种表现就是"装傻"，偶尔装装傻、示弱一下，会让你的丈夫自尊心得到最大的满足，你们之间的关系也会更加融洽。

聪明的最高境界就是大智若愚，"以无为胜有为"，如果你时刻显示自己比丈夫高明、聪明能干，他的虚荣心如何满足？他的自信会因为你而折损，你的能干反衬出他的无能，他心里自然不舒服。

婚姻心理学入门：完全图解版

和睦之道　糊涂的女人在小事上表现得毫不计较，在平时又能够满足丈夫的自尊，因此更容易和周围的人融洽相处，婚姻也更容易幸福。

> 电视坏了，我一个星期都很寂寞害怕。

宽容，能给你们的爱升温

"宽"字有宽免、宽恕、宽慰、宽解之意，意思是一个人犯了错误，无论是有心的还是无心的，如果有悔改之意，别人就应当给予宽待、宽恕；而"容"字在这里就有心胸宽广、容忍对方的缺陷和错误的意思。"宽容"是婚姻幸福的基础，婚姻中有爱才会有宽容，有宽容才能让两个人的关系更融洽，让婚姻生活更幸福。

婚姻中因为有爱才有苛责，但是有宽容才有前途。不要对对方过于苛责，你要宽容他，因为这证明你是爱着他的。"情人的眼里容不下一粒沙子"，正因为互相爱恋，双方对彼此的期待会更高，对待彼此更加严苛，也因此更容易产生误解。当两人真心相爱的时候，心眼儿不免小了起来，感情也更加敏感、细腻。但是，一味地苛责并不能让爱升华，并不能让爱延续，也许还会使你们最终走向感情破裂。

爱之越深，责之越切，怎么避免因为"爱之深，责之切"而造成的感情伤害甚至感情分裂呢？只有宽容。宽容对方犯下的错误，宽容对方的疏忽，不但可以让双方的关系得以和缓，也会让你自己变得轻松起来。

和睦之道

"相爱总是简单，相处太难"，难在什么地方？难就难在，你一面要苛责他，一面还要提醒自己宽待他，唯恐如果过于苛责就会失去。爱使你们结合，同样使你们难过、分离。只有宽容才能够让爱更长久、更牢固。

为什么林黛玉总是那么病弱？《红楼梦》中说她"思虑太过"，其实也就是心眼儿太小，对事情过于多疑，整天东想西想，有一点风吹草动，就心恸不已。总是钻牛角尖，把事情往坏的方面想，这样的女人又怎能健康快乐起来呢？

如果夫妻之间总是疑神疑鬼，一点小小的伤害都承受不住，那么，你们之间的关系注定不能长久。生活就是柴米油盐，就是家长里短，倘若对这些都一一计较，肯定会疲累至极。在当时为很多小事气得跳脚，甚至大吵一通，事后回过头来看看，总觉得不值。如果在事情发生的当初，你就能够平心静气地对待，又何至于劳心伤神？

面对对方的错误，你总是想，一定要给他一个教训，绝不轻易宽恕他，但是不宽恕他，你就快乐了吗？不！不宽恕他，你也难过得很。和他冷战，不理他，他说什么都装作听不见，决定不原谅他，你的心会更加痛苦，因为，你更喜欢两个人其乐融融的生活。而决定痛恨他，就是用他的错误来惩罚自己。所以，还是宽容他吧，宽容了他，也就放过了自己。

生活中总有种种的不如意，如果让双方的感情再去增加自己生活中的痛苦和不如意，我们就是在自作自受。很多时候，我们的痛苦都是在作茧自缚，唯一的办法，就是彼此宽容一些，看开一些。

婚姻中有宽容才能滋生出幸福，才能让我们的感情升华。情至浓处情转淡，热烈的爱情常常使我们快乐，也常常毁灭我们；淡淡的爱，宽容的爱，才能让彼此的感情更长久，婚姻更幸福。

宽容要适度，不可突破你的底线

在《说文解字》中，"纵"字的释义为"纵，一曰舍也"。《国语·楚语》中说"夫民气纵则底"，这里的"纵"字即"放"的意思。"有如乘风船，一纵不可缆"，语出唐代韩愈《秋怀诗》。"纵"字的引申义又有随心所欲、不受约束的意思。如果一个女人宽容她所爱的人到不约束他、让他随心所欲的地步，或者说，放开他、舍掉他的地步，也就是"纵容"的地步，那就说明，她已经无力去爱，无法去爱了。

宽容不等于纵容，就像放风筝，你可以把线放得尽量长，却不能把线剪断，否则失去线的约束，风筝也就不再是风筝了。有时候，看起来是约束你的东西，其实正是保护你的东西，正像草原上羊的数量受狼的控制约束，一旦狼群数量锐减了，羊群也会先增多，而后慢慢减少、消失；又比如人人都受道德规范的约束，一旦规范消亡、道德沦丧，人类还会存在吗？婚姻也是这样，表面上你觉得对方处处制约你，可是一旦这种制约消失了，你们的婚姻也就走到了尽头。

所以，对待婚姻中的双方关系，宽容可以，纵容却要不得。宽容和纵容之间是有界限的，超过一定的界限、一定的程度，宽容也变成了纵容。

那么，宽容和纵容的界限在哪里？在哪种情况下，不能再过度宽容自己的丈夫呢？

★当他的行为违背做人的基本原则，或者是触犯法律时，就不要再宽容他了。枕边人有什么变化，妻子肯定第一个知道，不要说什么你最后一个知道，那是不可能的，只不过你想自欺欺人而已。当他的思想出轨，你也许只觉得他有些心不在焉；当他真的出轨时，你的身体会在第一时间告诉你他与从前有何不同。婚姻是唯一的，不要打着宽容的旗号，打着为了孩子着想的旗号，容忍老公的花心出轨，那不但亵渎了你们的爱情，同时也可能触犯了法律。

★当他把你的宽容、你的付出视为理所当然的时候，就应该提醒他不要太过分了，否则就是纵容他亵渎你的真心，纵容他继续犯错误。当他视你的真心、牺牲为无物，视你的忍让、宽容为理所当然，你就有必要警告他不要太过分了，否则，就是在纵容他继续冷落你、虐待你。

★在你能够承受的限度内容忍他、宽容他，但当他做了让你难以忍受的事时候，不妨来一次总爆发。比如，丈夫不喜欢做家务事，你总是包揽所有的家事，做饭、洗衣、打扫，这些你都可以宽容。可是当你病了，躺在床上，他还是像小孩子一样不给你做饭，不体贴你，你能够忍受吗？不能忍受就要爆发，否则就是纵容他把你当成保姆。

和睦之道 宽容是有限度、有分寸的，一旦你的容忍超过了一定的限度，宽容也就变成了纵容。女人要掌握好宽容的尺度，拿捏好分寸，这样男人才会既自由，又负责任，才能在安全限度内使家庭更加和谐。

出轨零容忍！

理解与宽容，会让爱人更有动力

男人最害怕没有自由，最害怕受到来自妻子、母亲的约束，他希望自己身边的女人能够宽容地对待自己。长期以来，母亲的唠叨，情人的纠缠，妻子的约束，女儿的骄纵，女友的疑神疑鬼，女同事的挑剔刻薄都让男人对女人有一种厌倦的心理，男人希望可以得到来自女人的宽容和谅解，得到女人的理解和关爱。

可现实中，男人肩负着母亲的期望、家庭的重担、妻子的荣耀、儿女的责任，他们身上的压力很大。女人对这一点认知不够，通常还会对男人有更高的期待和要求。她们一方面试图理解和宽容男人，另一方面对他们提出更高的要求。男人一方面享受着女人的理解和宽容，另一方面却又总感觉到她们背后的私心：自己呼朋唤友，她们放逐不管，不过想要享受贤惠的美名，一旦自己想休息了，不思进取了，她马上会跳起来骂自己没出息；自己可以整夜整夜地工作，打一会儿游戏却肯定会被唠叨不知体贴，不知爱惜身体。有时候真的不知道，女人真正关心的是自己，还是自己身上的光环？宽容的是自己，还是自己带来的利益？这样的宽容对于男人来说，不是什么幸运，反而是一种折磨。

那么，男人渴望得到怎样的宽容？男人渴望女人在哪些地方宽容自己呢？

★当男人想暂时歇一歇时，他希望得到女人的宽容与原谅。男人并不总是需要鼓励，当他奋斗累了、疲倦了，想暂时地休息一下时，女人保持适当的沉默是一种宽容。

★当他想从异性那里寻找安慰、倾吐苦水时，妻子能够容忍自己的男人和其他的女人正常交往是一种宽容。虽然对于妻子来说，这是一种折磨，但是很多时候，男人确实需要红颜知己，这和出轨没有任何关系，只不过是男人向异性倾诉的一种需要。但是可以肯定，这种事情不被作为局内人的妻子理解，所以只好寄希望于红颜知己。现代人对于红颜知己这个词总是有一种暧昧的理解，其实，红颜知己和知己是一个意思，就是两个人对于某件事常常是意见一致的，想法也总是不谋而合，知道彼此的心事，仅此而已，只不过对方是个女人。有些不便与妻子、哥们儿分享的心事，男人也只能跟红颜知己说，妻子如果能够容忍丈夫和其他女性的正常私人交往，也是一种大度。

★当他欣赏其他女性时，表现出你的宽容之心。在街上走路，女人更喜欢看的不也是那些帅哥吗？当你看电影、欣赏时装秀、看球赛时，不也在不自觉地对比男人们各自的美吗？只能这么说，人类天生有欣赏异性的需要。能够更好地品味各种不同风格的女人的美，才能够更珍爱自己的枕边人。

★当男人在你面前夸夸其谈甚至吹嘘炫耀时，面带微笑地把他说过一百零八遍的英雄往事听完。男人喜欢在女人面前吹牛，尤其在自己心爱的女人面前，他会一再地提醒你，自己是一个多优秀的男人。这时候，宽容一些，专注一些，不耐烦地打断他可能会让他的信心崩溃。

★当他沉迷于没有意义的小事时，不要表现出你的惊慌失措，允许他稍微沉迷一下，这也是一种宽容。男人总是有一些下意识的、无意义的动作，比如发呆，比如把打火机的盖子扣来扣去，比如沉迷于一种很暴力很简单的小游戏。他们总是通过这些来达到心理缓冲的目的。面对这些行为，允许是更好的关切方法。

总之，男人非常渴望来自女人的理解和宽容，当你在他心思不定的时候，用特殊的方式表现出你的宽容、理解和关怀，他会非常感激你，继而会更加爱你。

和睦之道

很多男人不可能在一生中始终都一往无前,他们往往需要根据情绪的周期性波动而作出行为上的调整。表面看,你的男人这段时间可能无所事事,对任何事情都兴致缺失,实际上他也许正为下一波的努力养精蓄锐,这时候,快鞭打牛的方法可能会激起男人的不满和叛逆情绪,使其更加不思进取。此时,对待男人周期性的倦怠,适当的沉默和宽慰是一种好的方法。

第5章

拉好缰绳,始终为幸福婚姻保驾护航

婚姻中的高手，都懂一点心理学

驾驭丈夫和驾驭马匹其实是一个道理，只有彼此熟识了，才能够做到心中有数。

驾驭马匹的第一阶段就是从喂马开始，慢慢地和它培养感情，让它认为你是安全的，和你在一起是舒适的，对你产生一定程度的依赖。然后才是驭马，培养出驰骋的默契，能够做到一个指令一个动作，只要你轻轻地一拉缰绳或者轻轻地一夹马腹，它就知道你的意图，按照你的意图去做。男人当然要比马复杂得多，但是道理却是一样的，步骤也是一样的，首先就是要彼此熟悉，然后再慢慢培养默契。

"驭夫"的第一步就是不要让他感觉到自己是在被动做事，是被强迫的。因为这样的意识一旦产生，就算他帮你做家务，也总是觉得自己心不甘情不愿。聪明的女人会让男人心甘情愿地为你服务，而不是被迫无奈，这就需要足够的智慧来表达你希望男人帮你做的事。比如，"为漂亮的女士开车，是一个绅士的风度。""你忍心柔弱的老婆提那么重的东西吗？""老公上次做的那道鱼香肉丝堪称绝品，不知道今天愿不愿意再显身手，让我享享口福啊？""你是一家之主嘛，这样困难的事还是老公才能搞定呀!"

第二步,要想利用老虎,就要舍身饲虎;想要老公帮你,没有代价怎么行呢?那种又想马儿跑、又想马儿不吃草的人,最终会两头落空。想要老公忠于这个家庭,你就得首先付出,付出你的爱,你的青春,你的智慧。让老公觉得你为他付出了很多,他才会回报你更多。婚姻的本质也是交换,不管是平等交换还是不平等交换,坐享其成、总让一个人付出是没有道理的。

"驭夫"最重要的原则:女人首先要做好自己,对自己好。女人做好自己就会变得非常可爱,而男人是喜欢可爱的女人的。男人和女人是不一样的,女人爱男人,看重的往往是男人对她好不好;而男人爱女人,看重的却常常是这个女人可爱不可爱。可爱的话,一举一动都会令他神魂颠倒,他可以为你赴汤蹈火;不可爱的话,你做得再多也不一定有用。所以做好自己,绝对比讨好男人要重要。

以下,就教给女孩子们几招具体的"驭夫术"。

★撒娇,绝对是女人的杀手锏,无论你是十八岁还是八十岁,都不要忘记女人撒娇的本能。无论多大的事,犯了多大的错误,在男人那里,撒一撒娇也就过去了。尤其是在两个人产生矛盾的时候,撒娇扮痴,是熄灭男人怒火最有效的方法。

★温柔有度,平时尽可能对男人施展你的温柔攻势,当然,温柔不是绝对付出,不顾自己的尊严。一旦你的温柔得不到回报,他反而心安理得,把你的付出当成应该的、欠他的,你就有必要适度收回你的温柔付出，让他尝一尝野蛮女友的厉害了。平时温柔的女人，野蛮起来格外让人欣赏，偶尔扮一次野蛮女友，可以使你们之间更有情趣，使你的形象更丰富，老公也会更重视你。

★在外人面前给他留足面子，如果他太过分的话，就在私底下狠狠地修理他。男人的面子比里子重要，在众人面前让他下不来台，绝对不是明智之举。而一味地迁就他，面子里子都给他，会使他更加狂妄，不把你放在眼里。

★如果你不想离婚，就不要用重话侮辱他。日常生活中夫妻两人肯定难免吵闹，但是吵闹也要有度、有限制，不要辱及他的人格、能力等。尽量少吵，如果男人找碴，"晾"比吵管用，大吵比小吵管用。这等于告诉他，如果你不想把事情闹大，闹得不可收拾，最好不要找碴。当然前提是你是一个不爱找茬吵架的人，你喜欢和谐的环境。

★培养老公参加家务劳动的兴趣。男人普遍不爱做家务，但肯定跟女人"他不想做就不要勉强他了""指使他擦个桌子，比我自己擦两张桌子还费劲""一个大男人，弄什么都不干净"的想法有关，如果你不想把自己变成一个免费家政人员，如果你想自己的丈夫更爱家，对家更有热情，就要让他参与家务，不管他做得好不好。当然，让他做事之前要有体贴的行为，要宣传现在居家好男人的观念，无论他做得好还是不好，都要称赞表扬，并且进行奖励。

第 5 章 拉好缰绳，始终为幸福婚姻保驾护航

和睦之道

任何事情都要按照规律去做，遵循一定的法则，"驭夫"也一样，抓在痒处，才能有成效。懂得驭夫之术，你的婚姻才能朝着既定的方向前进。

没问题！

老公做菜真是一绝，想天天吃你做的菜。

089

爱人不回家时如何对症下药

男人不回家的借口不外乎如此：工作太忙需要加班，陪上司去应酬，和同事聚会了，又找了一份兼职，等等。但是他们不回家的真正原因不过两个：一是家的吸引力太小，二是外面的诱惑太多。

如果是真的和朋友聚会，和老板应酬，我们必须支持，必须理解。可是，外面的事不可能总是那么多，如果男人连续很长时间都很晚才回家，或者干脆等到你睡了才回来，就有必要注意了。

这时候可能男人就不仅仅是去应酬那么简单了，当然也不会是像你想象的是出轨的前兆那么糟糕，可能仅仅是因为他厌烦了回家，惧怕了回家。家对他的吸引力已经太淡了，想要让他变得像蜜月时候一样每天急匆匆地赶回家，就要想出好的对策，对症下药，才能卓有成效。

那么男人不爱回家的原因都有哪些，又可以采取怎样的对策呢？

★男人觉得家不需要他。这样的妻子是最失败的，她可能很强势，把家里的一切都打理得井井有条，家里的任何事都要由她做主，处理得也很公平。但是这样做却让男人觉得这家根本就不需要自己，他回家只做两件事：吃饭和睡觉，其他一切他提议的活动和更好的建议都被妻子漠视或者否决了，那他为什么要回家？

对策：让男人参与家事，偶尔让他们做一些家务，让他们产生对家庭建设的热情，人总是对自己建造起来的东西更有激情，也更珍惜。

★生活步调不一致。很多女人都把在家中的生活安排得井井有条，并强迫男人适应女人的居家生活步调。单调地重复刻板的生活，肯定让男人觉得枯燥无趣，让他想要逃避。

对策：让男人来主导下班时间的"夜生活"，是要安静地待一会儿聊聊天，还是要出去疯狂一晚，都由他来决定。丰富自己的业余生活，在生活中注入新鲜的男人感兴趣的元素，给男人预留一些施展空间。

★难以和女人进行思想交流。婚后的女人整天疲于应付工作、家务与孩子，不再是一个安静与耐心的倾听者。当男人想对她倾诉工作中与生活中的烦恼时，她却记挂着家务和孩子，显得心不在焉。面对心不在焉的妻子，男人只好把想说的话咽回去，把自己内心的苦恼或得意事说给他的好哥们或者红颜知己们，以获得他们的安慰或赞赏。男人爱表现，爱吹牛，爱自以为是，希望获得别人的肯定和赞赏，但在妻子面前很少得到。所以，男人更喜欢与朋友相聚，以获得心理上的满足。

对策：如果丈夫想和你讨论一些事情，一定要慎重对待，积极地肯定他的业绩，认真地倾听他的委屈、烦恼和得意。分享他的喜怒哀乐，积极地寻找心理和情感上的共鸣，两个人的心才能不断靠近。

★家庭氛围不和谐。男人不想一进家就面对一张冰冷的面孔，面对空荡荡的屋子和冰冷的锅灶，更不愿面对自己老婆的数落和喋喋不休的废话；男人不喜欢家里迎接自己的是争吵或冷战，更不愿意回家看到一屋子的女人在打麻将，或者在叽叽喳喳地议论家长里短。

对策：创造和谐温馨的家庭环境，让丈夫感到家的舒适和放松。家庭毕竟是安放身心的地方，是心灵的温馨停泊处，如果连回家也不得安宁、不得放松，男人怎么还会乐意回家呢？

★妻子不信任。有些女人和老公在一起，喜欢谈论书刊、电视剧或周边朋友中失败的婚姻和男人的负心。她以为自己的旁敲侧击是在防微杜渐，其实她是对男人不放心，对婚姻前景不够乐观。男人当然不愿意回家以后还要和妻子捉迷藏，猜测妻子话里话外的含义，更容忍不了妻子的疑神疑鬼、百般猜忌，于是退守自卫，远离战端，乐得清静。

对策：尝试着在说出那些猜忌的话之前咬住自己的舌尖，给男人一点信任。不信任男人，也反映了女人的不够自信。做好自己，拥有自己的事业会让你更安心。

第 5 章 拉好缰绳,始终为幸福婚姻保驾护航

和睦之道

如果男人喜欢设计自己家的风格,喜欢做一些小的设计,不妨让他去发挥,不要干预,更不要否决。如果你有更好的解决家事的办法,不妨提出来供他参考,就算有不同意见,也可以有一个折中的方案,千万不要让男人以为,你可以应付好一切,这个家不需要他。

你把家具布置得不错!

表达你的爱，用情"征服"爱人

女人的强势向来征服不了男人，男人可能会因为妻子的强势、纠缠不休而感到疲倦、感到畏惧，但绝不会因此而产生爱、产生怜惜。想要征服男人，驾驭男人，想要俘获男人的心，就必须用感情来征服他。

从广泛意义上来说，男人喜欢每一个相貌俊俏的女人，甚至希望和多个女人有暧昧关系。但是每一个男人一生中都会遇到自己想携手共度一生的女人，这个女人肯定不只是自己的激情所需那么简单。这个女人让男人强烈感受到自己被爱着，她可能扮演多重角色，他的女儿，他的爱人，他的母亲，他的知己，但无论是哪个角色，都会让男人感受到不同角度的、不同种类的强烈的爱意。

电影《威尼斯之女》中曾有一些经典的台词："看着这些忙忙碌碌的男人，在他们一天辛苦的劳作之后，无论是贫贱还是富贵，他们都渴望维纳斯的光顾。""男人们喜欢我，是因为我满足了他们对于爱情的幻想，唤醒了他们的爱情……"这个电影同时也揭示了为什么妻子会受冷落，因为她们受到束缚，灵魂僵硬，缺乏激情和爱。

第 5 章 拉好缰绳，始终为幸福婚姻保驾护航

和睦之道

虽然很多女人表达自己爱意的方法是把自己的爱融入每一次的"洗手做羹汤"里，融入日常的关怀和安慰当中，融入每一次亲密当中，我还是建议女人把自己的爱意表达出来。东方女人普遍比较含蓄，当然也可以理解为缺少表达爱的能力。男人是比较迟钝和粗心的动物，女人羞涩的暗示有时并不会让男人感受到爱。

看过这个电影你就会明白，女人之所以能够吸引男人、征服男人，是因为她们的思想，她们的爱情。一个女人如果能够做到在她看着男人的时候，让男人感觉"我是她眼睛里唯一的男人"，那么，他凭什么不爱这个女人呢？男人会心甘情愿地被这样的女人征服。不可否认，很多男人之所以出轨或外遇，

是因为从她们那里可以得到爱，得到尊严，尤其当他的妻子是一个非常强势或者非常冷淡、刻板的女人的时候，男人会更加有这种渴望。

有这样一个小故事，妻子在被子里轻轻地说"早点睡吧"，男人回答说"你先睡吧，我等会再睡"。女人又说"被子里太冷了"，男人把一个热水袋递给了她，这样的男人真的让女人哭笑不得，欲哭无泪。但是，你得承认，很多男人真的就是这样不解风情，因为他们的感觉神经比较迟钝。所以，你想要做什么，表达什么情感，不妨直接说出来，否则，他们可能感觉不到。多对男人说几次"我爱死你了""你对我真好"，肯定比为他做饭、操持家务、给他送伞效果好得多。

做一些让他难忘的温馨事，比如在下大雨的时候给他送伞；在他加班到很晚的时候，给他留好夜宵，为他留灯。当男人疲倦地回到家，看着黑暗里那一抹小小的、昏黄的灯光的时候，心中会充满无尽的感动。当孩子做了一件让你无比骄傲的事，别忘了和他一起分享，因为这是你们共同的成果。

这些仅供那些不善于表达自己的爱的女人来参考，让他知道你爱他，同时给他爱你的理由，引导他慢慢地唤醒对你的爱意。当你身边的男人发现他已经从灵魂深处爱上你了，已经离不开你的陪伴了，已经依赖你的爱情了，你就获得了征服他的资格，他的心就属于你了。

第5章 拉好缰绳，始终为幸福婚姻保驾护航

拉好缰绳，驾驭好婚姻这辆马车

婚姻是一辆马车，马的缰绳往往掌握在妻子的手里，想要马车向左还是向右，快进还是缓行，后退还是前进，去山顶还是去悬崖，往往取决于妻子的一举一动。

所以，对于维护婚姻、维护家庭这样的事，还是要女人多做努力。事实上，因为男人心胸宽广而又志不在此，很多男人对家事的处理态度是无所谓的，是漠然的。对两个人之间的感情，也不如女人想象得那样复杂，那样细腻深刻。所以，只要你不纠缠于丈夫的小毛病，不整天对丈夫疑神疑鬼、唠唠叨叨，不纠缠于鸡毛蒜皮又莫名其妙的小事，很多男人是乐得逍遥的。男人很少会主动挑起战争，很少会责备妻子，也很少对女人不满，只要你不过分，可以说，男人是不会在意的。

很多男人要的不是刻骨铭心的爱情，爱情对于他们似乎可有可无。如果是这样，女人费尽心思想要"拴住"男人，想要"驾驭"男人，其实大可不必，因为男人很少在意。你在这费尽心思地琢磨讨好男人的方法，他只当作女人的一种小把戏，而且早把这种小把戏看得透透的，不但觉得无聊，而且很反感。其实只要你为他守住家，守住他的父母孩子，

他是不会辜负你的。而想要和他的关系更进一步，却是千难万难，任何的举措看在他的眼里，都是那么可笑；任何的醋意、嫉妒、小把戏都不值一提，除非他真的爱你。

家中的一切都可以由你做主，除了他特别交代你的事情，比如对他的父母，对他的上司、同事的事情。孩子的教育也可以由你做主，只要不是他非常反对的方式，就可以任由你。当他特别提出某件事的意见的时候，最好尊重他的意见，因为他很少在意一件事，很少表达反对意见；不要总是和他找茬吵架，因为男人一般比较善于隐忍，一般你不找茬，他是不可能跟你吵的；不要因为一些小事给他脸色看，如果出门要看上司的脸色，回来还要看老婆的脸色，任何一个男人都会心生不悦。

要想在婚姻这座围城中获得幸福，本身就不是一件容易的事。驾驭婚姻也是一件很辛苦的事，家庭往哪个方向走，需要你的努力，更需要缘分和运气。总之，那些对家庭和婚姻做了最大努力的女人们要懂得谋事在人，成事在天的道理，毕竟是否继续一起生活的决定权不止是在你一个人手里。就算最好的司机，也不能保证他的车不出任何事故，意外总是难免的。

第 5 章 拉好缰绳，始终为幸福婚姻保驾护航

和睦之道

更多男人要的不过是和谐的家庭。他们也需要爱，但肯定不是女人们理解的那种偏执、狂热、激烈的爱，而是一种柔和的、宽容的、温馨的、包容一切的爱，这种爱的首要条件就是温和，是和谐。所以，当一个女人让男人感觉苦恼、感觉烦躁，他就会逃离这个家、这份爱。女人要了解男人的这种心思，才能更好地驾驭婚姻这部车。

和 谐

099

第6章

浪漫婚姻：让你的生活也增添色彩

营造浪漫，婚姻生活需要一点情怀

对生活充满希望、充满憧憬、充满幻想的女人，更容易享受和制造浪漫。字典上对于"浪漫"的定义是富有诗意，充满幻想的。所以很多时候，浪漫并不是刻意制造出来的，而是浪漫情怀的一种随意的表现；很多时候，浪漫并不是你生日时候的一大束鲜花，而是不经意间，枝头上盛开的一朵桃花。

很多时候，浪漫并不是你所制造的，那些有着明显的人工雕琢痕迹的浪漫反而破坏了浪漫的气氛、浪漫的本意。浪漫在于诗意，在于幻想，在于随意挥洒；浪漫不是满室温馨的灯光，而是屋外遍洒的月光。

有朋友曾跟我们分享她和老公最浪漫的事，说他们有次郊游，住在了一个单独的农家小院里，他们在月光下漫步，并在草地上无拘无束地亲密，当他把原本一朵不起眼的小花放在她的嘴边欣赏时，她真是感动得想哭。

所以说，浪漫是一种情怀，当女人有这种情怀时，无论是枪林弹雨还是城市的水泥丛林之中，都能够享受到那种美好的感情。有一个女人在一生中最困厄的日子里，在日日以泪洗面的压力下，曾经登上尚未修好的立交桥，和那些淳朴的农民工一起欣赏落日的辉煌。当她躺在密密麻麻的钢筋之上，感受到的是烈日的余温，看到的却是恢宏的落日，肉体和精神的折磨一起离开了她，她感到世外桃源一般的静好。

女人对于浪漫常常有自己的感觉、自己的解释，每个人对浪漫的体会都是不一样的，但是渴望浪漫的情怀却是一样的。想要浪漫的女人首先一定要对浪漫敏感，善于幻想，善于借助不同的情境想象并制造不同的浪漫。对于情人间的浪漫，女人要善于调动自己的感官来感受和丈夫相处的美好感觉，并把事情向着美好的、浪漫的方向推进。那么，聪明的女人怎样制造和享受情人间的浪漫呢？

★首先要热爱生活。一个对生活不抱任何幻想、对生活没有热情的女人是学不会浪漫的，再多的浪漫对于这样的女人来说也是浪费，因为她看不到生活中的美好，感受不到身边的温馨。永远保持你对生活的热情，保持你对美好情趣的敏锐感受，才能更好地享受浪漫。

★通过想象力来调动自己的感情，调动两个人之间的感觉。可以说，缺少了想象力的浪漫，就像缺少了调味品的菜一样淡然无味。把你身边平凡的他想象成F4一样的帅男；把你们所做的傻事想象成初恋时的样子，这样，拥抱、亲吻甚至并肩而坐都变成了非常美好的事情；说一说过去美好的回忆，说一说对未来的憧憬，幻想一下你和他脸上幸福的光泽，这样你们之间就觉得浪漫多了。

和睦之道

如果夫妻双方有一个人不解风情，就应该由另一个人常常提醒对方，常常做一些令对方感动的事。浪漫有的时候就是玩花样，玩出与众不同又令对方感动的花样。情人间的浪漫有时候是一种无法言喻的东西，只有靠女人敏锐的感觉去捕捉，用幻想、诗意去想象，才能够感受到。有想象力的、有激情的、有梦想的女人，才会享受到更多的、更高质量的浪漫。

宝贝。这是送给你的。

★高兴的时候不要说扫兴的话。如果丈夫刚刚搂住你的肩膀，或者爱怜地抚摸了一下你的头发，你却没有感受到，只是急急地说"别闹了，我还没刷碗呢""先让我去刷牙"这类扫兴的话，立刻把所有美好的感觉统统赶走了，让男人怎么喜欢你呢？不可否认，浪漫是两个人的事，对于那些破坏两个人之间气氛的语言、行为、动作，要坚决改掉。

发挥你的创意，让婚姻生活处处充满浪漫

浪漫不是空中楼阁，它必须建立在现实生活中才有意义，因此婚前风花雪月式的浪漫注定不能维持长久。我们要学会把自己的浪漫情怀点缀到现实当中，学会在枯燥乏味、疲倦无奈的现实中发现和制造一些浪漫。

只要是有情怀、懂风情的女人，都能够随时随地地发现和创造一些小小的令人感动的浪漫。浪漫是从环境到身心的，让浪漫的情怀感染两个人，需要一个人的引导力和另一个人的感受力。

那么，我们要怎样把浪漫多情展现在现实当中呢？

★制造浪漫的环境氛围。闪着蓝色幽光的小壁灯，修剪得非常漂亮的各种花木，各种造型的茶具和玩偶，都可以把你们的居住环境点缀得非常浪漫。

★在各种节日、纪念日里，想一些浪漫的招数来引起双方的共鸣。不要一想到浪漫就想到那些俗气的鲜花、巧克力、烛光晚餐，虽然那些是流行数百年不变的浪漫主题曲，但主题曲听多了是不是更想听一些别致的、清新的小调？

★穿特制的情侣衫。穿一件自己精心设计并请人特制的情

侣衫，要比满大街流行的衣饰更能显示你们的浪漫情怀。浪漫是什么，浪漫就是属于你们自己独特的、有诗意的东西。

★把浪漫和你们的兴趣爱好联系在一起。比如两个人都喜欢旅游，不妨把那些你们曾经用过的车票、景点票、明信片、照片等，做成一系列拼贴画。这样当你们共同回忆曾有的甜蜜时光的时候，就有了一个凭证和慰藉。

★把一些特殊的行为固定化。比如，把印着自己吻的卡片送给对方；把两个人的头发编在一起，取义"结发为夫妻"等。这些透着俏皮、情趣的行为，都将把你的浪漫细胞调动起来，带给你更多的感动。

★养一些代表你们两个的小宠物。比如，两条小金鱼、两只恩爱的小鸟，并给它们取上你们的名字，不高兴的时候，对着你的小宠物去数落他，或者跟你的小宠物说几句悄悄话故意让他听到。

比如，可以对着那只绿色的小鸟说"下次再让我看见你不听话，欺负你老婆，我就不给你吃饭了"；或者说"明天情人节了，你想给我什么惊喜啊，我可不想要玫瑰花，我要你唱歌给我听，唱那首《相亲相爱一辈子》"。表面上对着小鸟说话，可实际上，只要是有心的丈夫就能明白你的意思。当然，还可以用鸟儿传情，比如，教给你的鹦鹉说"说一千遍我爱你，少一遍，不饶你"，这样有趣又浪漫的传情方式，肯定能为对方接受，引起他的共鸣。

婚姻心理学入门：完全图解版

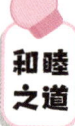

> **和睦之道**　浪漫的形式是要自己想出来的，是无法复制的，只要有心，就能够时时刻刻把浪漫点缀到现实的婚姻生活当中。

总之，只要你积极地想方法，随时随地都可以挥洒你的浪漫。在他的刮胡刀下面压上传递爱意的小纸条；用情侣对杯喝

水；用十字绣给他做手机套，做汽车装饰；把代表你属相的小挂饰挂在他的钥匙坠、手机挂饰上，让你时时刻刻地陪伴他；为他亲手织手套、围巾。

多花点心思，给对方一个浪漫的惊喜

刻意制造的浪漫虽然不像信手拈来的浪漫那么令人感动和温馨，但是对于一些特别不解风情的人来说，也算是聊胜于无吧。对于有些人来说，让他们制造浪漫，就像是让猴子学会唱歌那么艰难，那么不可思议。他们的理性，他们的职业，他们的社会地位都决定了他们不可能像平凡的小夫妻那样随时制造和享受别样的浪漫。

很多公务员、会计师、测量师等，他们的职业要求他们有精确的思维方式、理性的大脑，因为工作的性质是严肃的，久而久之，生活上也变得严肃起来，不知浪漫为何物了。对于这类人，他们的生活更加需要浪漫的点缀，如果你选择成为这类人的伴侣，那就对你的浪漫细胞和制造浪漫的手段提出了更高的要求。

当然，因为对方并不奢望浪漫，所以对浪漫的要求也不高，那些用蜡烛和灯光焰火制造"我爱你"的声势盛大的浪漫对于他们来说是浪费感情。对于他们来说，浪漫是很私人的事，在公开场合声势浩大地表白，与其说是浪漫，不如说是在给他们难堪。那么，怎样制造属于他们、令他们欣赏的浪漫呢？就让一个浪漫高手教你怎样做：

★制造经典浪漫。这是他们能够接受的形式，去西餐厅吃一顿烛光晚餐，在优雅的音乐中，在闪烁的烛光中，在大束鲜花的围绕下，配上一点点红酒，饭后恰到好处地来一支交谊舞曲，肯定能为他们所欣赏和接受。你侬我侬的浓情蜜意就免了，享受完烛光晚餐以后，让感情冷却一下，开车回家，继续你们美好的夜晚。这种形式虽然古板，但是每隔一段时间重复一次，是可以增加夫妻间的感情的。

★利用传统制造浪漫。比如在七夕之夜的时候，相传在葡萄架下，可以偷听到牛郎织女的私语。你可以把这个传说讲给他听，然后生拉硬拽地把他拉到一株葡萄架下，去听所谓的私语。当然，你只能听到对方的心跳。当对方不耐烦的时候，你可以轻轻地说："你听到了吗？""听到什么了？""我听到牛郎说'紧急呼叫织女，都一年没见了，约会还顾什么矜持啊，迟什么到？'我还听见织女说'你这个不解趣的傻瓜，就没什么情话跟我说？'"如果对方不是太过不解风情，相信他会说一些你喜欢听的情话。

再比如，传说在情人节的时候，如果从门缝中能够看到一对恋人从门前走过，你将得到幸福。把这个传说讲给他听，并吩咐他守着门缝往外看。并不断焦急地问他"看到什么了，看到什么了？"解趣的人一定会有让你满意的回答。然后，把你精心准备的小礼物送给对方，一定能够享受到一个美好的情人节。

和睦之道

对于情侣们来说,制造浪漫不需要花费很多金钱,而是需要制造浪漫的心情和情趣。套用一句旧话来说,生活中从来都不缺乏浪漫,缺乏的是发现浪漫的眼睛和创造的心思。学会制造浪漫,只要多花一点心思就足够了。

★和对方分享双方有共同爱好的事情。比如,两个人都喜欢看同一本书,与其互相抢来抢去,不如轮流读书给对方听,既温馨,又浪漫。当你静静地躺在床上,听他轻声细语地为你读书,那是多么美好的一种享受啊。当然,换到你为他读书的时候，他也会有如此的心境。读完以后两个人交流一下看法和想法，你们的心灵就会更相契了。再如两个人都喜欢同一款游戏，与其各玩各的，不如一个人掌控键盘，一个人在旁边参谋支招，也是一件非常浪漫的事。

★利用幻想来制造浪漫。比如一起憧憬美好的未来，尽量往细节方面幻想，想象着你们像两个小孩子一样在你们的新房子里追来逐去；想象你们将来儿女绕膝、子孙满堂；想象你们一起环游世界的美妙旅程……其实这样对于未来的美好幻想同样也是非常浪漫的，能够增加两个人之间的甜蜜，能够让两个人更齐心地为美好的未来一起奋斗。

用吃"醋"暗示你的重要性

懂得爱情的进退，适当地让对方为你吃点醋，也是一件非常浪漫的事情。在烹饪过程中，为什么酸酸的醋能成为必不可少的调味品呢？因为它可以让菜去腥去腻，可以让菜尤其是凉菜的味道更鲜美、更独特。

夫妻间相处也是这样，两个人甜蜜得过了头，整天腻在一起，久而久之，再多的甜也感觉不出来了。在蜜中加入糖，更是多此一举，如果说吵架能够让两个人感觉有点小刺激，就像调味品中的辣椒，那么适当地让对方吃一点醋，则可以使你们之间的关系更甜蜜，更鲜美。

嫉妒是人的天性，夫妻间的吃醋，是爱的一种表现方式，利用的就是人的独占心理。耍一点小手段，玩一点小伎俩，让他吃点醋，适当的时候再向他坦白事情的经过，不仅为两人的感情增添情趣，男人也会为你肯如此大费周章地为他"造醋"而高兴。

对于因为婚姻中的倦怠而忽略了女人感受的男人来说，让他们吃一点醋、紧张一下，是很浪漫的爱情保鲜方法。那么，怎样让男人为你吃醋，而且吃得有滋有味，并能增加你们之间的甜蜜呢？

第 6 章　浪漫婚姻：让你的生活也增添色彩

和睦之道

想要对方更在乎你，让他吃点醋是一种好的途径。正如有句话说，"若要情人更爱你，必须惹他生气；没有嫉妒的爱情不是完整的爱情，也不是真正的爱情"。当然，吃醋也要掌握分寸，偶尔为之是一种情趣，但是不要胡乱吃，更不要大吃干醋，要知道醋喝多了也是很危险的。

那个人是我表哥，看你吃醋的样子！

???

哈哈……原来是这样。

★假装不经意地在他的面前赞赏其他男人。比如说"我们部门来了一个新主管，帅气逼人，把小女孩们迷得都找不着北了。"当你的老公表现出他的醋意："你可是有夫之妇啊"，这时就可以鸣金收兵了："那当然，我整天守着你，对帅男人都产生免疫力了。"酸溜溜的情绪忽然加进了蜜糖，比什么都能更有效地增进你们之间的感情。

★和他在一起吃饭或者看电视的时候，和女友们多发几条互动短信，发得多了，他自然就注意到了，然后就会产生你在跟哪个男人短信传情的错觉。如果这时他质问你和谁聊得那么热乎，你偏偏不要告诉他，让他去猜，或者干脆转移战场。这些行为在他的眼里是一种做贼心虚的表现，他越发想要弄个水落石出。你就任他去折腾，当他发现其实你是在和朋友发短信开玩笑时，他的心也就放下来了。这样的一提一放，能够在无形中增加你们的感情。

★告诉他你曾经的暗恋对象。暗恋是一种精神上的恋爱，但是所有的暗恋都是最甜蜜的。尽管他知道你绝对不可能跟对方有什么，甚至很可能都不认识对方，但是在你心的角落里，藏着这样一份一个人的爱情，他还是会想起来就吃醋的。这样的干醋会让他更爱你、更疼你，希望抹掉你内心中暗恋的痕迹。

有些小游戏能增添生活情趣

适当地和伴侣、孩子做一些游戏，可以增加生活乐趣，也会使生活变得更加生气勃勃，温馨浪漫。在一天沉重、疲惫的工作以后，不妨暂时放弃那些传统的电视剧和电脑游戏，试着玩一些简单的、单纯的游戏，以增加生活中的乐趣。

游戏常常是孩子们最喜欢的，其实有童心的大人们也完全可以加入其中。成人的世界中有很多无可奈何、让人厌倦的事。如果一天枯燥的工作结束后，还要面对无聊的家庭生活，娱乐的方式除了看电视就是上网，时间久了，难免生出厌烦来。而多姿多彩的游戏正可以满足人们追求新鲜、追求刺激的心理，暂时放下自己的成人身份，放下沉重的工作，多一份童心，多一份单纯的快乐。

适合夫妻两人共同参与的游戏有哪些呢？哪些游戏既有趣，又适合成人玩？

★猜拳，当你们决定不好由谁来掌控一件事情的主动权时，不妨由猜拳来决定。比如，谁也不想去做饭，与其大吵大闹一番，不如由猜拳来决定，谁输了谁做饭。当然，女人有赖皮的权利，一局猜输了，可以三局定输赢，三局的结果还不理想，可以改成五局三胜，如果你五局也输了，那没办法，乖乖去做饭吧。双方通过这种方式，既从游戏中获得了乐趣，又达成了一致意见，家庭氛围自然更加和谐。

★亲子游戏，寓教于乐。比如教孩子做游戏，或者和孩子一起参与游戏，或者两个人给孩子示范游戏的玩法，都是很好的增加乐趣的方法。当你们两人玩起童年时代的游戏，不仅自己会变得更加快乐，也让孩子们看到你们之间彼此和谐的感情，让他们感受到家庭的甜蜜，心理、情感的发育也会更健康，更积极。

★适当的户外活动。比如选择一个风和日丽的春天去挖野菜，无论是三人行还是二人世界，都是非常浪漫的。目的不在于挖多少菜，而在于游玩。桃花丛中的留影，席地而坐吃起野餐、烧烤，肆无忌惮地在柔软的草地上打滚，和泥土亲切接触，这一切都会让你们的生活变得无限美好。或者去采摘园，一边采摘，一边嬉戏，相信得到的乐趣要比直接买水果吃多得多。沙滩、绿地、高山，都可以成为见证你们爱情的好地方。

★一起唱歌，或者学习某种乐器。不时找一首两个人都喜欢的歌曲来学习，在他想听的时候唱给他听，或者当他出差在外地的时候，通过电话唱给他听，想必是一项很浪漫的游戏，会使他更加想家、想你，即使有那么一点想入非非、蠢蠢欲动的小心思也熄灭了，可谓一举多得。

第6章 浪漫婚姻：让你的生活也增添色彩

和睦之道

有趣的小游戏，夫妻之间的互相嬉戏、捉弄可以增加生活中的趣味，当他意识到跟你在一起是多么有趣的事，你会带给他别人无法给予的快乐的时候，他就会更爱你。生活不总是严肃的，在严肃的生活中寻找更多的独属于你们两个的乐趣，是每一个婚内人的责任。

第7章

表达关爱,让爱人时刻感受到你的爱

表达关爱，用你的爱包围对方

在脱掉华丽的爱情外衣以后，婚姻生活就会慢慢变得平淡。这时候，激情已不再是生活的主旋律，爱的表达方式变成了细水长流的温馨关爱。在平凡的婚姻生活中加入一点点关心，一点点呵护，生活就会变得更加甜蜜。

一个聪明女人会懂得如何把自己的关心呵护融入日常的柴米油盐中，处处表现出自己对对方的关爱之情。有道是"以色事人者，色衰而爱弛"，只有激情的爱情无法长久。如果你对对方太过冷漠，没有足够的关心，就算你的魅力无穷，对方也不可能永远爱你。甜蜜的婚姻绝对不仅仅是两个人相互吸引那么简单，默默的关怀常常可以感动男人，使得他更爱你。

关爱不仅仅要求女人能够做到，还要对方能够体会到，对方体会不到就不会珍惜，就算你再温柔贤惠，再关心呵护他，也得不到他同等的对待，因为他根本就意识不到你的关爱。平心而论，很多女人在结婚以后，都能够做到关爱对方。但是如何表现出来，让对方体会到这份关爱更加重要。

★在关键时刻体现出你的关爱之情。人在平常的时候，常常对对方的关心熟视无睹，而在特殊时期，却能够因为对方的一点点关爱而感动不已。比如，在他生病的时候表达你的关爱，为他做一顿他喜欢的饭菜，为他的病体忙碌，说一些宽慰的话。

★用语言表达出你的关心。很多时候，默默的关心可能会被对方忽视，这时候语言的表达就起了很重要的作用。比如，在他熬夜的时候，不要只给他倒上一杯咖啡，也要说几句体贴他的话。语言表达能够清楚地让他明白，你在担心他，你在关心他的身体，关心他的工作，这比任何默默的付出都来得明显。

★在无关紧要的时候，尤其是当他把你的付出视作理所当然的时候，把你平日的付出收一收。比如，平时都是你帮他洗衣服，你来收拾家务，可他觉得这是应该的。如果有一天你病了，或者出差了，让他洗几天脏衣服、臭袜子，他就会知道你的好处，也就会明白你付出了什么。只有让他感觉到你的牺牲，他才会更珍惜你的付出。很多时候，你是在体会到不方便的时候，才知道原来别人为了你的方便付出了很多。

当你的关爱得不到对方的回应、得不到应有的尊重和回报的时候，你就应该想一想是否是自己的表达方式出了问题，除了付出关爱，你还需要提醒对方重视你的关怀，珍惜你的关怀。否则，只是单方面的付出，不但自己觉得委屈，对方也会觉得厌倦，也就体会不出温馨的味道来了。关爱是两个人的事，接受者兴高采烈，付出者才能感到安慰，感到甜蜜。

婚姻心理学入门：完全图解版

和睦之道

人在生病的时候，心理常常是脆弱的，这时候，"雪中送炭"就能够抓住机会表现出对他的关爱，就会在他的心里留下深刻的印象。人生难得的不是锦上添花而是雪中送炭，男人最清楚这一点，因而也会珍惜当他虎落平阳时却仍然维护他的人。

享受关爱，不辜负对方的付出

家庭的幸福往往要用爱来照亮，对于没有任何感情基础的家庭来说，婚姻只能是一个悲剧。爱，不仅仅是婚前的花前月下、风花雪月，更应该融在婚后日常的相互关怀和怜爱之中。婚姻中的两个人彼此关爱，互相体贴，才能够让对方感觉到被珍视，感觉到自己的价值和婚姻的价值，家庭才能更幸福。

对于婚姻中的女人，爱似乎变得遥不可及。当风花雪月变成了柴米油盐，她们似乎就失去了表达爱、感受爱的能力，这是人生最大的悲哀。婚姻中的女人虽然沉浸在忙碌的工作和家务之中，但依然要认真地付出自己的感情，认真地感受对方的爱。对于爱来说，迟钝和麻木是最悲哀的。

女人要学会表达自己的关爱，也要学会感受对方的关爱，享受对方的关爱，并适当表达自己的感激之情。从婚姻的风雨之中，从一米一饭的平凡当中来体会对方的关爱，是每一个渴望幸福的女人都应该做到的。通常来说，男人比较粗心，他们表达关爱的方式和女人也不一样，这就使得很多女人感受不到男人的关心和呵护，有的女人就算感受到，也因为缺乏情调而忽略了，这是最可悲的。女人要学会享受对方的关爱，要调动自己的所有感觉来体悟对方的关怀之情。那么，这要从哪几个方面入手呢？

★男人表达自己关爱的一个重要方式就是给女人花钱，舍得给你花钱的男人，无论挣钱是多还是少，都是爱你的。当男人给你买回大束的鲜花、昂贵的首饰、漂亮的衣服、各种小礼物时，无论这些东西你是否满意，都不要抱怨他，而是马上给他一个大大的拥抱来感激他。很多女人在这方面都做得不好，她们不是抱怨东西买贵了，就是抱怨衣服的款式不好看，不适合自己。殊不知，这些抱怨会在瞬间破坏男人的好心情，使他产生失望、沮丧的情绪，并且打消继续想要给你惊喜的想法。

★虽然大多数男人都比较粗心，但是有一些男人还是很细腻的。当他在结婚纪念日、你的生日给你献上礼物，想和你度过一个浪漫的夜晚时，你却用怀疑的眼光盯着他："是不是做了什么亏心事？"或者说："无事献殷勤，非奸即盗。说吧，有什么企图？"这类扫兴的话最好不要说，如果男人有兴致搞浪漫，和他一起兴奋地享受激情吧，要知道，只有爱你，男人才会费心地搞这些花样。

★男人的关爱常常在特殊时期才能体现出来，女人要始终对男人保持乐观和期待。婚姻就是一把伞，平时没什么用，风雨来临的时候，它会帮你遮风挡雨，这就足够了。也许你的丈夫很贪玩，总是沉迷于游戏和各种游乐场所；也许你的男人不够体贴，总是在深夜带着一身酒气回家；也许他总是大男子主义，从来不想着帮你分担家务。但是你生病的时候，你怀孕的时候，你悲伤的时候，他不再只顾自己玩乐，而是一反常态地陪在你身边，这就体现了他对你的关爱，对家庭的负责。

★当对方做了让你非常感动的事，比如在下雨天开车去接你，在你生病的时候，用他勉强的厨艺给你煮汤，这时候，要适当表达出你的感激之情，要表达出自己享受这份关爱的心情。这种心情可以是眼中闪烁的泪花，可以是"老公，我爱你"的私语，也可以是一个拥抱。这样的感激和满足，可以让对方感受到你的愉悦，并且觉得自己的付出和关爱没有白费。

和睦之道

没有一种付出是应该的，关爱最怕的是一味地付出，而对方却没有回应。女人常常烦恼自己为男人做了那么多，他却不知珍惜，男人同样也为此而懊恼。让对方感觉到你感激他的关爱，你非常享受他的关怀和疼惜，适当表达你的感谢之情，并投桃报李地回报对方，两个人才会形成良性互动，感情才会进一步升华。

第 7 章　表达关爱，让爱人时刻感受到你的爱

付诸行动，更能证明你的爱

在生活中用行动证明你的关爱，这比语言的表达要生动得多，鲜活得多，也更能够感动对方。一个只会用甜言蜜语哄对方高兴，而不肯为对方做一点牺牲、做一点付出的人，可能会得到对方一时的喜欢，但是迟早会被对方所厌倦。

那么，怎样表达你对男人的关爱，才会让对方觉得轻松而又感激呢？这就需要讲究一些技巧。

★恰到好处的惊喜。与其在他上班之前谆谆叮嘱他带一把伞，不如偷偷在他的公文包里放把折叠伞，然后在大雨突至的时候发短信告诉他，别担心，你可以干干净净地回家。与其陪他熬夜，倒不如在他熬夜的时候为他沏上一杯热茶；在他想睡觉的时候，你递来了枕头；想喝水的时候，你早已为他准备好了香茶；当他饥肠辘辘的时候，你刚好为他准备好了夜宵。恰到好处的惊喜更能让他体会到你的关爱。

★为他做一些他早就说过却一直没有付诸实践，甚至自己都忘了的小事。如果想要两个人相处得非常好，就要把他说过的话放在心上，把他想要做但一直忘记做的事做完。比如，早上对方说，"我想吃比萨了，可是比萨店离我上班的地方太远了，

129

还是星期天再去吃吧"。结果下午一下班就发现你买了比萨送给他，而且正好是他喜欢的口味，自然让他欣喜若狂。

★花时间陪伴他。女人乐意为心爱的人做很多事，但常常忽略了对方真正的需求。每星期找一些单独在一起的时间，关掉电视，关掉手机，两个人静静地坐在一起陪伴对方，就是最好的表达爱的方式了。

★当他沉浸在某些烦恼中的时候，认真听他的倾诉，也许他并不需要安慰和支招，只是想把心中的郁闷倾吐出来，总之，倾听对方的心里话，也是爱的一种表现。

★关心他的需要。送一份他需要的礼物，要比送他昂贵的礼物更令他心动和感激。

★当你决定为了他的事业而作出牺牲的时候，请同时提醒自己，"我是自愿的，我保证日后不会因此而埋怨他"。很多女人都为了家庭，为了支持对方而牺牲了自己的前程，如果你不能无怨无悔，请你谨慎地思考要怎样处理。付出牺牲之后再抱怨对方，会让对方仅有的一点感激和愧疚都不复存在。

第 7 章 表达关爱，让爱人时刻感受到你的爱

和睦之道

用行动证明自己的爱也是有技巧的，也必须遵循一定的原则。婚姻中的爱当然是有代价的，首先要无私地付出才能够得到。用行动真正地关爱对方，才能够得到对方的真心，婚姻才能够更幸福。

相互欣赏，能从彼此的眼里看到光亮

婚姻的开始就是因为彼此欣赏、爱慕、吸引，而后产生爱情。结婚之后的两个人，仍然要维持彼此欣赏的状态，才能够让婚姻生活始终如一的甜蜜，爱情才能够长久地保持新鲜。

欣赏是表达关爱最好的方式之一，保姆也能够在生活上无微不至地关心和照顾一个人，但是只有和自己心灵契合的伴侣，才会无条件地欣赏自己。学会欣赏伴侣的处事方法，学会用迷恋、赞赏、崇拜的眼光去看待他，可以使男人的自信心膨胀，使女人更有魅力。有这样一个笑话：一个丈夫几十年如一日地重复几个固定的笑话来展示自己的幽默，而妻子却几十年如一日地听着这翻来覆去的几个笑话，每次听完都像第一次听完那样开心地大笑，并用欣赏崇拜的眼光望着自己的丈夫。你可能觉得那个妻子可笑至极，但仔细品味你就会明白，夫妻间的相处方式正是如此，能够长期欣赏，才能够长期甜蜜。

任何人都无法避开时间的魔法，都无法承受近距离的审视和挑剔，再美的美人在透视灯下都没有美感可言。进入婚姻当中，我们怎样才能保持对对方的吸引？怎样才能在面对他最丑陋的一面的时候，仍然能够欣赏他，爱慕他？

第 7 章 表达关爱，让爱人时刻感受到你的爱

和睦之道

恋爱中的男女常常情意绵绵、形影相随，在这个特殊的阶段，男女双方心中装着的，都是对方美丽、潇洒、温柔等美好的一面。走进婚姻的围城之后，女人却忽然发现他并不是自己想象得那样完美无缺，潇洒的男人背后是洗不完的脏衣服、臭袜子；温柔的女人背后是无尽无休的唠唠叨叨。这个时候欣赏没有了，甜蜜没有了，爱慕也没有了，甜蜜的恋人变成了一对怨偶。

哇！他好阳光！

又跑出去玩了！

★学会睁一只眼闭一只眼，宁愿做快乐的傻子也不要做悲哀的智者。睁着的那只眼永远去寻找对方最美的时刻，寻找你最欣赏的他的特质；闭着的那只眼永远不要睁开，因为这只眼一旦睁开，看到的将是对方的种种不堪。

★不断去发现对方值得你欣赏的新优点。天天生活在一

起的两个人，再多的优点也会视而不见，再小的缺点也能够放得很大，所以你要不断去发现他的更多优点。夫妻双方在结婚以后，是不断改变、不断调整的，而且你身上有多少优点、缺点，都会统统映射在对方的身上。所以，你多多地改善自己，也就等于在改善对方；欣赏自己，也等于在欣赏对方。从他的身上，不断挖掘那些值得称道的优点，双方可以共同改进，从而把对对方的抱怨和不满降低到最低限度。

★用良好的心态来对待彼此的优缺点，用理智来衡量一个人，更容易欣赏对方。结婚之前，我们常常认为对方是完美无缺的，是最适合自己的那一个；结婚之后，我们才知道彼此还需要磨合，当初我们是被热恋冲昏了头脑。恋爱之时，我们都是对方的天使，是神祇一样的人物；结婚后，我们变成了对方的伴侣，是一个普通的人，待遇自然不能再和神祇相比。接受婚后的待遇落差、心理落差，是我们能够维持心理平衡、继续欣赏和爱慕对方的关键。婚姻之所以会成为爱情的坟墓，是因为我们都从天使变成了凡人，只有凡人才有坟墓，而智慧的人会把这座坟墓当成最美丽的殿堂。

爱情生活是甜蜜温馨的，然而想要这种甜蜜维持得更长久，则需要更多的智慧来保鲜和呵护。渴望拥有幸福的婚姻，就必须学会在婚姻中欣赏彼此，因为夫妻之间的欣赏是维系爱情最牢固的纽带。

分享生活，一起打造美好生活的记忆

生活就是分享，分享彼此的劳动成果，分享彼此的爱，分享彼此间的心意，分享你们共同的成长经历。乐于跟对方分享你的每一份喜悦，分享你的成功，分享你工作中的快乐和烦恼，分享你们之间的情感，分享你们之间的青春岁月，彼此的心更加契合，双方多了很多共同语言，生活中也就多了很多甜蜜。

很多事业有成的夫妻都善于跟对方共同分享事业上的资源，善于分工合作，最终享受共同的劳动成果。当你意识到，你的整个家、整个事业、所有快乐和烦恼、成就和挫折都是和对方共同拥有的时候，你会发现，你离不开他了。因为你的整个青春岁月都是和他一起度过的，你的所有生活的痕迹都有他的一份，他和你之间已经是一个不可能分割的共同体了。当割舍他的时候，你会疼痛；当割舍你的时候，他也会流血。这时候，你们的血液和灵魂都是融合在一起的，根本不可能分割开，心灵的相契让别人根本没有插足的可能。这就是我们每个人都希望达到的婚姻的最高境界。

让对方的一切都烙上你的印记，让他所有的回忆中都有你的味道，你的一颦一笑，有他熟悉的你的气息，这一切，都是分享的结果。要使两个人有更多的交集和共鸣，就应该让彼此共同拥有的东西更多一点。每一个人都是不同的圆，我们不可能完全消除彼此间的差异，却可以让相交的部分增多，在保持各自的隐私空间和个性差别的基础之上，分享的东西越多，则意味着相交的部分越大，你们互相之间越难舍弃。

在很多家庭中，女人都选择了放弃自己的事业来成全男人的事业，因此你们剩下的交集就只在家庭的范围内了。缺少了共同的理想和志趣，你们之间的关系能够有多牢固？在你们能够有交集的范围内，怎样和对方分享你们共有的一切？你们需要共同分享哪些东西，才会使你们的交融更密切，感情更甜蜜？

★和对方分享生活中的苦和乐。在生活中，每个人都有胜利的欢乐，也有挫折的烦恼和郁闷。当你快乐的时候，把你的快乐和对方一起分享；当你忧伤的时候，把你的苦闷向他倾诉出来。夫妻是需要患难与共、风雨同舟的，能一起享乐却不能一起患难的夫妻和能一起患难却不能一起享乐的夫妻都是悲哀的。生活中的苦和乐，都需要夫妻两人共同分担，共同分享。

★把你的成长和他一起分享。当你的工作有了成绩，当你的思想更成熟了，或者在他的支持下，你有了长足的进步，这些成就都要学会跟他一起分享。当你从一个妻子变成了一个母亲，当他从单纯丈夫的角色变成了父亲，你们面对了共同的挑战、共同的角色转换，这时候你需要和他一起分享这种生命中的成熟、蜕变。

第 7 章　表达关爱，让爱人时刻感受到你的爱

和睦之道

对于婚姻中的两个人来说，分享是最美好的事情。在恋爱的初期，你们也许分享过一起用餐、一起锻炼、一起休息娱乐的乐趣，也许分享过共同的称呼，从当初的"我"变成了"我们"，你也许有很多的快乐要表达。在今后的日子里也是如此，你们也许会共同拥有将近两万个日日夜夜，共同分享无数的欢笑和眼泪，如果你珍惜这一切，就好好地和对方分享眼前的每一个美好时刻吧。

★共同分享你们的爱情。对爱人说出你的真心话，让他感受和分享你深沉的爱意。显示出你的尊重和真诚，更多地和他分享你的内心所想，分享你们心灵深处的东西，可以使你们的心灵更契合，灵魂更靠近。

善于引导，谁都不是天生的好爱人

好男人都是好女人一手培养出来的。你以为哪个男人生来就风度翩翩？你以为别人家的丈夫生来就习惯于洗洗涮涮，喜欢和老婆一起做家务？你以为，别人家老公对老婆体贴入微、细心呵护都是与生俱来的？非也，非也，那都是女人培养的结果，一个是他的母亲，一个是他的老婆。

想要你的老公也对你体贴入微、关怀备至吗？那你应该看一看别人家的"良夫养成记"，汲取一点经验，让你的老公也变成新好男人。男人普遍是比较粗心的，对于很多家务事，男人常常不会主动去做，如果你的婆婆没有给你培养出一个现成的好老公，那么现在需要你亲自动手培养一个新好男人了。那么怎样让你的老公爱上做家务呢？怎样把你的粗心男人培养成一个细心、体贴的好丈夫呢？下面就给亲爱的女性朋友们支一些招吧。

★首先要让他从思想上得到改变。要知道，一个粗心男人是无论如何也不会想到应该主动体贴自己的妻子的，所以，从结婚之前就应该让他明白，老婆娶回家是用来疼的，不是用来当保姆伺候自己的。平时多带老公去一些模范丈夫家"洗脑"，让他明白现在流行的是居家型好男人。告诉他一个成功的男人首先是心疼老婆的好丈夫，是一个有责任心的男人。

★当男人帮你处理家务的时候，要大力表扬他，不要批评他这做得不好，那做得不到位，地板拖得不够干净，饭做得不够好吃，该用生抽的菜用了老抽，该用白醋的地方用了陈醋。这些都是小问题，问题是他能够帮你做家务，你就应该很高兴了。

★表达你对他的关怀的需要。女人要善于表达自己的需要，你希望得到男人的爱，希望得到他的关注，这并不是一件可耻的事。撒娇地说"你难道不会关心人家一下？""难道你就不能体贴点？""谢谢老公，帮我把碗刷刷吧。"这些言行不仅增添两人间的情趣，而且会让你更可爱。如果你不需要男人的关爱，他为什么要帮你做事？为什么要心疼你、体贴你？

★找到充足的理由，用恰当的表达方式让他帮你做事。比如，一边帮老公按摩肩膀，一边说："累了吧，一星期五天对着电脑，周末也应该休息一下。起来活动一下，伸伸腿脚，刚好顺便把桌子上的灰也擦一擦吧，我去做好吃的奖励你。"听到这样的话，老公肯定高高兴兴去做家务了。而如果你生气地说："整天就知道瞎忙，也不知道帮我做点事，快去擦桌子！"八成老公要跟你翻脸的，可见不同的表达方式会导致天壤之别的结果。为他做家务找一个充足的理由，和颜悦色地表达出来，男人们普遍是乐意接受的。

★及时引导老公做好家务。事情做得不好，任谁都会灰心，女人在培养男人做家务的过程中，千万不要动手示范，更不要指手画脚，只要告诉他："做得不错，要是在这道菜里加一点点芥末就更加美味了。"这样他才会恍然大悟，怪不得总觉得缺了点什么，原来你做的时候还放了芥末，下次还要试一试，这样兴趣就培养出来了。经验总是要花时间积累的，只要引导有方，老公就能成为一个体贴老婆的全能"主夫"。

总之，男人是否会体贴女人，是否会关爱女人，不完全是男人的问题。从现在开始，试着用聪明的方式去培养你的男人，慢慢地引导他，迟早他也会成为别人眼中的好丈夫。

第 7 章 表达关爱，让爱人时刻感受到你的爱

和睦之道　赞赏能够让他更勤快地帮你做事，而抱怨只会打击他做家务的热情。有的男人不是不想做家务，而是他一做事女人就批评他，如此往复，男人肯定不想做了，懒散的男人则刚好找到了不做家务的借口。

> 虽然你这次的菜做咸了，但是色香俱全，下次你肯定能做得更好。

第8章

懂点情调，让婚姻每天都充满新鲜感

制造惊喜，让爱新奇起来

沉闷、平淡无奇的生活常常让人产生一种郁闷、无聊的感觉。人人都追求新鲜感，追求有趣的生活，如果能够在平静如水的生活中，不时地创造一点意外惊喜，肯定能够增加两个人之间的感情，使婚姻更加甜蜜。

每个人都有周期性的情绪反复，常常是平静了一段时间之后，希望过一种新鲜刺激的生活。而在大起大落、疯狂的爱恨或激情之后，又希望过一种平淡的生活。虽然平凡的我们不能够打破这种周期性的重复，但是我们可以时不时地创造一些惊喜来打破生活的烦闷和平静，让生活变得更多姿多彩一些，让婚姻多一点趣味和情调。

那么我们可以制造哪些惊喜来增进夫妻之间的感情呢？

★出乎意料地拿出他期待了很久的礼物。比如，看到他在某件物品前驻足了很长时间，甚至东翻西看了半天，但是还没来得及买或者没打定主意，你可以把它默默记下，然后选一个合适的时间，把那件物品买下来，当成礼物送给他，肯定能够带给你意想不到的效果。这一招男女皆宜且实施方便，是很好的制造惊喜的方法。

★暗暗观察他的喜好，然后给他一个惊喜。比如，他非常喜欢某一首歌，你可以悄悄学会，然后在一个轻松的环境下，装作不经意地唱出来，肯定能够带给他欢喜。再比如他喜欢某种口味的咖啡，你可以多多注意，然后在某天清晨亲手泡一杯给他喝，肯定能得到意外的惊喜和奖励。这种小的惊喜不妨多来几次，变成生活的一个习惯。

★出差时，事情做完以后提早回家，给他一个惊喜。兵行险招，因为这个情况不好预料，说不定一不小心惊喜变成惊吓，因此需要谨慎处理。最好的处理方法是，在回家的路上给他打电话，追忆你们以往的甜蜜时光，以确定他是否在等你的电话，是否在想你。待两人产生情感上的共鸣，便适时地让他打开门，你站在门外静静地看着他，这才是完美的惊喜。

★对方忙得忘了你们共同的节日，你可以一边打电话催他回家，一边做一大桌子好吃的等他回来享用。当他回到家看到你准备的烛光晚餐、音乐美酒，肯定就明白了一大半。这时候，他的愧疚、歉意可能更深了，而你的惊喜则会给他很大的安慰，他会因此更加珍惜你。

★用邮递的方式寄卡片或者其他礼物给他。两个人在一起生活久了，给对方小礼物已经是很平常的事了，如果你能够换一种方式送他小礼物，想必他会更加惊喜、更加珍视。

★当你们之间的关系即将发生某种变化时，比如，他要做爸爸了，你可以把你的化验单放在他的书房里，或者作为礼物送给他，肯定会令他欣喜若狂。或者邀请他的父母来看他，你却不打电话给他，直到他晚上下班，用双手蒙住他的眼睛，当他一睁眼看到他至亲的人在他面前，怎会不惊喜？

　　总之，只要有心就能够制造很多意外的惊喜。问题是很多夫妻觉得两个人整天在一起，没有必要玩这些花样，其实这种想法是错误的。想一想你有时候是不是也期待收到一些意外的惊喜呢？如果你需要，那么对方也是需要的。

　　还有的夫妻认为，我没有义务取悦他，我和他是平等的，这些取悦之举拉不下脸面去做。其实，这种想法更是错得离谱。夫妻之间固然是平等的，但是意外的惊喜取悦的并不是他，而是你自己，难道你不想看看自己制造的效果？有些夫妻之间的相处模式的确比较正统，男女都比较强势，很容易造成外面看着光鲜，却缺少沟通和激情的婚姻。试着放低姿态，给对方制造一些小惊喜，这样不仅可以打破你们之间的沉闷，也可以让对方更爱你。

第 8 章　懂点情调，让婚姻每天都充满新鲜感

和睦之道

夫妻二人共同生活很长时间之后，对彼此都熟透了，难免产生倦怠感，意外惊喜正是这样的一个契机，能让对方重新认识你。常常给伴侣一点意外惊喜，可以激起他已经忽略或遗忘的爱意，让他回想起恋爱时的甜蜜，增进你们之间的感情。

商店

哇！
这是我一直想要的……

147

情书，是最古老且最情意绵绵的表白

这个时代流行速食爱情，连婚前的恋人们都很少互写情书表达爱慕了，进入婚姻的夫妻更是缺少这项活动。然而，如果想要你的婚姻生活变得更加甜蜜，互写情书是一种很好的方式。用情书表达你的柔情蜜意，表达你对他的爱和牵挂，是千古不变的传情方式。

趁年轻的时候，多写一些感性的情书，把年轻时的甜蜜记载下来，储存起来，才能够在年龄渐渐变大、激情慢慢变淡的时候拿出来品尝和鉴赏。情书本身也许没什么特别的，没有华丽的词藻，没有优美的语言，但是我们有一颗纯纯的爱心，用我们的爱写就的情书，是世界上最美丽的记忆。

曾经我们有过山盟海誓，曾经我们有过那么多的甜蜜，为什么不把这些美好的瞬间用情书的形式记录下来呢？为什么不让自己的爱意多一个表达的平台和通道呢？也许生活中我们会有很烦恼的时候，也许我们会对彼此的感情产生怀疑和猜忌，也许我们还有相看两厌的那一天，不如趁着感情甜蜜的时候多一些表达吧。无论是对羞涩含蓄还是大胆开放的伴侣，情书都是一种良好的表达情感的方式。

第 8 章　懂点情调，让婚姻每天都充满新鲜感

和睦之道

情书可以简短，也可以绵长；可以矜持含蓄，也可以俏皮可爱，情书的风格也就是主人的风格。情书可以每个月或者每年写一封，也可以每天都用纸条以简短留言的方式写出来，或以短信的方式表达出来。但是，情书就像蜜糖的作用一样，隔三差五吃一次觉得新鲜甜蜜，吃多了也要担心"高血糖"。

情书的形式大可不必搞得跟书信一样规范，但写作也要遵循一定技巧，如果一写写个七八页长，而且毫无内容，全是让人起鸡皮疙瘩的肉麻话，这样的情书，不写也罢。日常生活中，我们要掌握以下几种写情书的方式，以备不时所需：

★传达爱意的小纸条，可以在他的剃须刀底下，香皂盒子里，他的某本书刚看到的那一页，他的烟盒里，他的领带下面。总之，凡是可以藏而又不至于被忽略的地方，都可以藏上表达爱意的小纸条。比如在厨房给他做好的饭旁边，放一张"多加餐，长得壮，肥了卖小猪"的小纸条，在他的衬衣上则放上"记得添衣，不要想我想得太憔悴"的小纸条，这样不仅可以把你的柔情蜜意传达得一清二楚，又显示了你的俏皮可爱。这样的女人，男人怎么会不爱呢？

★邮寄给他的明信片或者情书，有一种意外惊喜的感觉，甚至会让人产生一种两个人正在谈恋爱的错觉，是个不错的传情达意的方法。在你出差在外或两人暂时分离的时候选用这种方式是比较合适的。他不在你身边的日子里，把写满你的思念和牵挂的情书送到他身边，让你的思念把远方的他带到你身边，这样的情书格外动人，他看到也会格外动情，感觉到自己的爱人是如此地依恋自己，哪个男人会不心动呢？

★当他惹你生气了或两人正在吵架，谁也不肯先低头跟对方道歉，僵持着冷战固然不是好办法，然而让女孩子道歉也未免有损自尊心。这时不妨写一封情书，讲明你的委屈之处，记住不要讲任何气话,不要有激烈的言词,只讲一讲你的委屈和伤心,这就足够了。爱你的男人绝不忍心再为难你,或者继续对你不理不睬,此举既保全了颜面,又可以打开僵局缓和关系。不要以为男人让着女人是应该的,偶尔低一低头,主动向男人示弱,这样既能保住尊严,又能维系感情,何乐而不为?

★在特殊的日子里,把情书当作礼物送给他,对于不擅长或者不屑于用语言表达自己感情的人来说,是一种不错的传情达意的方式。在你深情款款的目光的注视下,他疑惑地打开你的情书,他越读越喜悦,你越听越羞涩,这是一份多么美好的情感啊!

情书是一种非常有诗意、有情调的表达方式,不仅可以增加夫妻间的了解和柔情蜜意,还可以为你的青春和爱情留下一份见证!

多变的你，会让爱人更喜爱

现代社会对女人的要求越来越高，在不同的环境、不同的场合、不同的位置，女人要呈现出不同的风貌。婚姻中的女人只有学会"变"，才能在婚姻中立于不败之地。

大多数男人是自私的，他们希望自己的妻子能够上得厅堂、下得厨房，在自己的朋友圈子里做一个贤淑大方的主妇，在自己面前做一个体贴的好妻子，在孩子面前做一个亲切的好妈妈，在父母面前做一个孝顺的好儿媳。女人在不同的人面前被赋予了不同的角色，所以也要根据位置的不同扮演好自己的角色。这是"善变"的第一层含义。

在职场中，我们能够根据场合的不同搭配不同的服饰，表现不同的状态：办公室里穿套装，表现精明能干；商务酒宴上穿小礼服，表现成熟亲切；年终酒会上穿晚礼服，表现魅力无限。那么，在家中，我们难道只用一副面貌来示人吗？

"善变"的第二层含义，就是女人要不断地追求生活的新方式，让生活永远充满新意，充满情趣和快乐。

流行时尚是在不停地变化的，"善变"的女人会兴致勃勃地尝试改变，会把这些元素都慢慢地渗入到自己的生活中，使生活更加丰富多彩。拿健身来说，"善变"的女人会去健身房锻炼身体，也会在自己的家中和着音乐做瑜伽，同时还会去参加一些户外活动。根据自己的爱好、业余时间的长短以及流行趋势的变化，"善变"的女人会不断地调整自己的健身计划和健身方式。

在生活的其他方面，她也会根据季节的不同、天气的变化来调整自己的食谱，调整自己的服装风格，调整每天的业余活动。夏天的夜晚，和姐妹们兴致高昂地去泡吧、去跳舞；雨天的晚上，放一首忧伤的或者舒缓的小夜曲静静地欣赏；在两个人都有闲的夜晚，相伴去看夜景，或者留在家中跳双人舞，温习初恋时的感觉。怎样改变全根据自己的心情、伴侣的心境而定。

"善变"的第三层含义，是要不断地完善自己，充实自己的生活，提升自己的魅力，使自己变得更加成熟。女人总是在不断地学习当中：学习怎样展示自己的风情和魅力；学习怎样留住丈夫的心；学习怎样使家庭更融洽；学习怎样使自己的婚姻更牢固，爱情永远保鲜；学习怎样教育自己的子女，做一个合格的母亲；学习怎样欣赏艺术，使自己变得更加优雅。这一切都是女人在为自己的人生做努力，通过这样的学习，女人会不断地蜕变，蜕变得更加美丽，更加成熟。人生总是在变化中达到圆满，"善变"的女人，人生会更加饱满，生活会更加丰富，婚姻也得以保持新鲜。

女人"善变"是因为心有所系,是因为心中有爱。古诗中说,"女为悦己者容",同样地,为了爱情和更好地生活,女人也在不断地改变和完善自己。正是因为女人的"善变",她们才会风情万种,她们的生活才充满了新意,充满了生机;正是因为女人"善变",她们才会不断成熟,才会更加才思敏捷、应变灵活,让男人不断地发现惊喜;正因为女人"善变",她们才能让家庭生活充满情趣,更有情调,让婚姻历久弥鲜。

第 8 章 懂点情调，让婚姻每天都充满新鲜感

和睦之道

事实上，每个女人都有不同角度的美，我们只不过是在通过角色转换来展现自己不同的侧面而已。那是一种真情的流露，跟矫揉造作、演戏是不同的概念。在面对孩子的时候，你是不是不自觉地流露出母性的关爱？在面对丈夫的时候，你是不是不自觉地想要依靠，不自觉地流露出自己的小女人情态？流露出你真实的感情，展现出你真实的那一面，就是女人的风情和魅力。

平淡生活里偶尔"调情",能让爱升温

婚姻当中,有很多女人习惯了中规中矩的生活,一切都按部就班,虽然日子过得很安稳也很富足,但是总觉得缺少了一点什么。就像所谓的"淑女",美则美矣,贤则贤矣,却缺少了一分生动的韵致,缺少了一点小女人的味道。生活如果只是理性的、功利的,必然少了些许的情致。

工作也许必须按部就班地进行,以免出纰漏,生活却可以放慢脚步,用一种更有情调的节奏来进行。婚姻生活如果乏善可陈,就难免让人觉得烦闷,在感情当中,我们不妨玩一点点欲擒故纵的游戏,学一学调情的技巧。

调情是一种健康的、诗意的、有情趣的生活方式,喜欢调情的男人和女人志趣更高雅,更懂得享受,对于生活总是有着更多的热情,也总能够在平静的生活中创造出更多的快乐,给自己和对方带来更多乐趣。如果你认同这一点,就让我们来学一学调情的技巧。

★调情的目的是增加感情、培养情趣,调情重在自然,而不是矫揉造作。不要把某些过于煽情的动作和语言当作调情,那叫作调戏或者挑逗,与调情是有天壤之别的。

第 8 章 懂点情调，让婚姻每天都充满新鲜感

和睦之道

据说，调情不仅仅能够让两个人的生活更甜蜜、更有情趣，还可以开发自我。因为"卖弄风情"和表演有异曲同工之妙，能使人们暂时忘记拘谨的"本我"，久而久之就能改变一个人的个性，克服胆怯、拘谨的弱点。

★最有效的调情方式是深情凝视与专心倾听。想一想，你含情脉脉地凝视着对方的眼睛，让他感觉到在你的眼中只有他一个人，让他看到你对他的深情，对方难道不会怦然心动吗？当从他的口中说出最动人的甜言蜜语，你深深地凝视着对方，眼中泛着泪花，专心地聆听着，并把那些山盟海誓重复一遍，那是多么令人感动。在两人世界中，聆听与凝视是不可缺少的功课。

★用语言和眼神表达出你的爱慕、你的赞美。当两个人独处时，大胆地说出你对他的倾慕和赞美，表达出你的浓情蜜意，相信他会了解你此刻的感受，彼此都会动容。

★打情骂俏。夫妻间的打情骂俏是会无师自通的，暧昧的眼神，挑逗的动作，骂一句"傻瓜"，笑一声"冤家"，对方便能心领神会。

★耳鬓厮磨、肌肤相亲式的调情。比如，双方拥抱着诉说生活中的美好、对未来的憧憬、童年的趣事，开怀地嬉戏，诉说彼此的秘密，或者不经意地和对方发生肢体轻触，都是调情的好方式。

★保守的人还可以采取展现柔弱、央求伴侣帮助的方式，比如央求他帮你挂上背后的搭扣，或者在一些家务琐事上要求他的帮助，也能够增加彼此的生活情趣。

时尚品位，让你魅力无限

时尚的女人更懂得如何生活，懂得如何让自己的婚姻、生活、爱情更加甜美。她们总是在不断地追逐流行的脚步，并从流行中寻找出真正适合自己的东西，来装点自己的生活。

无论是前卫的时髦还是优雅的时尚，它们都代表了女人不断追求的脚步。愿意不断追求的女人，对生活怀着莫大的热情和兴趣，正如东施效颦，虽然不为人所称道，不是也表明了女人的爱美之心吗？所以说，热爱时尚的女人，是最有热情的女人，是最可爱的女人。

时尚的女人总是在追逐流行的脚步，她们对生活的理解也是丰富多彩、千姿百态的。她们去年染了一头栗色长发，今年忽然变成了俏皮活泼的黑色短发；她们昨天喜欢居家不出，今天忽然想起了旅游的好处，于是带着全家人一起去跋山涉水，玩得不亦乐乎。表面上看这些行为似乎有些肤浅，事实上这些活动不也为自己的家庭带来了乐趣吗？况且，很多男人都希望自己的妻子变一变，能够跟上时代的脚步。

时尚女人的一举一动都透露着别样的风情，也许她们不会像贤妻良母那样愿意牺牲个人，支持丈夫和孩子，她们只会更加疼爱自己。因为心疼自己，所以就少了很多怨尤，少了很多抱怨。贤惠的女人，她们给自己的爱是有额度的，一旦超支，必定要俭省下来，否则良心不安；但是对伴侣的爱却是无额度、无指标的。然而没有女人不期待丈夫的关爱，她们也渴望来自伴侣的爱，来自对方的无额度的奢侈的疼爱，可是世界上能够做到这一点的男人又有多少呢？所以一般贤妻良母的眼中，总是带着那么一点幽幽的哀怨。时尚的女人则懂得，自己要靠自己来宠才更实际，所以，她们自己能够制造更多的乐趣，哀怨总是离她们很远，快乐总是离她们很近，男人也更乐意靠近这样的女人。

时尚的女人懂得把生活中的每一件事都变得艺术化，都变成美妙的享受，懂得如何把自己的感觉变得更加敏锐，懂得用"调味品"来调节自己的生活，让生活看起来更美好、更享受。时尚的女人总是在不断地追求，她们追求的东西，不过是"感觉"二字。感觉自己是时尚的先锋，感觉自己是生活的诗人，感觉自己是手拿仙棒挥舞的小仙女，于是婚姻和生活都变得活色生香、明朗灿烂起来了。

和这样的女人一起共度余生，哪个男人还会觉得不够新鲜？哪个男人还会觉得枯燥无聊？当你全力以赴地奋斗时，她会自己寻找生活的乐趣；当你有闲暇的时候，她会用美好的东西填满你的生活。

第 8 章 懂点情调，让婚姻每天都充满新鲜感

和睦之道

时尚的女人更懂得享受生活。她们追求生活品质，注重个人享乐，有品位地进行消费和生活，总是让自己的生活沐浴在美妙当中，因此更有情调和趣味。她们总是能够在平凡的事情当中找到独特的乐趣。

婚姻琐碎，更需要来点情调

生活的脚步总是匆匆忙忙，在有的人那里，生活变得粗糙、暗淡、忙碌而杂乱，而在有的人那里，生活却是美好的、有情趣的、细致的、有条不紊的。这就是情调赋予生活的不同。

从屋子的装修风格到个人服饰、饮食、生活习惯，每一个细节都可以表现出一个人的情调。有情调的人会让自己在每一个举手投足间都表现出令人心动的色彩，让生活中的每一个瞬间都变得精彩而让人回味无穷。

可以说，情调这种东西，真的就是细致一点，有兴致一点。淘汰掉家里千篇一律的垫子，自己动手缝制几个彩色的大抱枕；把手上俗气的金链子放置一旁，自己DIY一个软陶的；早餐不要再吃那些速食面，也不要随便在街上买，早点起床用豆浆机打一杯豆浆，吃几片自制的全麦面包，就是一顿很好的早餐；不要再办一些没多大用处的健身卡，早上做套瑜伽，针对自身的健康设计几套保健操。这些就是情调，不要以为情调总是跟金钱联系在一起，情调是跟生活的兴致和热情联系在一起的，只要在生活中处处留意，处处有参与的热情，就能够过上有情调的生活。

时尚也许可以追赶，情调这种东西却是模仿不来的。最有情调、最会生活的人绝不仅仅流于表象。

学会把情调带进现实的生活中吧，学会用情调来调试生活的脚步吧。只要你对生活始终保持兴致勃勃的劲头，保持不变的热情，对每一件事都用自己最大的兴致来参与，这就是情调。

婚姻生活同样可以经营得有滋有味，只要你有足够的智慧，有足够的热情和活力，就能够让生活更有情调、更快乐、更丰富、更多姿多彩。

和睦之道

和有情调的人一起生活，你会觉得世界上的一切都非常有趣。你会感觉自己非常年轻，有着用不完的力量；你会感到生活中的每一刻都是有意义的，都是快乐的；你会觉得生活像音乐一样美妙，像蜂蜜一样香甜。她不但会让自己活得鲜活生动，还会把你带入一个生机勃勃的世界，在这里，无聊没有了，烦闷没有了，浮躁也没有了，你只会感觉到温馨、舒适。

第9章

热烈的爱：婚姻里需要用激情为彼此添动力

夫妻树立共同目标，有目标才有幸福感

在婚姻生活中，我们常常感觉到缺乏激情，也许是因为一起生活久了，也许是因为大家的感情转淡了。但最根本的原因是，我们的婚姻没有目标。在工作中我们常常有这样一种体验，如果我们对工作任其自然，或者敷衍塞责，就会觉得工作起来没有激情，因为没有目标，没有一定要达到的目的，所以工作起来也缺乏动力。

这和玩游戏是一个道理。如果一个游戏可以永远地玩下去，你玩久了也就厌烦了，而如果把这个游戏加一个砝码，比如说，可以通过这个游戏赢得很多东西，那么你肯定会更加认真地对待这个游戏，并乐此不疲。人总是在为某些东西而忙碌，不过这些东西有时是隐形的。比如，要在三年之内做到经理的位置，要在十年之内得到成功。而在婚姻当中，我们很多人都没有明确的目标。

婚姻生活之所以没有激情，与我们没有明确的目标有很大的关系。如果我们能够给婚姻生活硬性地规定一个目标，双方都会为建设这个家庭付出更多的努力，就会多了很多参与的热情，两个人之间也就多了很多激情。

第 9 章　热烈的爱：婚姻里需要用激情为彼此添动力

和睦之道

有一位女士，她在婚姻之初，就和同是旅游爱好者的丈夫一起许下了一个愿望，就是希望在业余时间内走遍世界。于是，她和丈夫总是在努力地赚钱，把所有的积蓄都用于共同的爱好——旅游。结婚几年间，他们去过了世界上最负盛名的一些旅游景点和城市。虽然这离他们环游世界的梦想还很远，但他们两个都表示，总有一天，他们会达成愿望。

有了共同的目标，你们就会对共同建设家庭有了更多的热情。这个目标实现以后，你们会有共同的喜悦，这样你们就多了很多共同语言。在爱人想考证书的时候，帮助他解决一些学习问题，或者考察他的复习进度，两个人共同做一件事，分享同一份喜悦，就会使两个人多了很多默契，新婚时候的感觉也来了，激情也就不期而至。

两个人的目标必须是一致的，不要因为这个目标而阻碍了另一个人的发展。那些有分歧、不能够当成共同目标来对待的事情，不能单方面地要求对方的牺牲，必须双方都同意，都情愿为某件事而付出。因此制定共同目标时，也要视家庭情况而定，实现目标的主题必须要轮流涉及婚姻中的两个人，否则总是一个人在牺牲奉献，这个人就会产生怨气。

目标制定时要明确一些，那些"十年之内我们要使家庭更幸福"的目标，有等于没有，要制定一些可以做得到且十分明确的目标，比如，"三年之内，我们一定要存够二十万"，然后再在这个目标的基础上去实现另一个。

在达成目标的同时，要兼顾你们的感情，不能只顾实现家庭的目标而总是在忙忙碌碌，却忘了感情的培养。因此，要学会将目标进行拆解，大目标分成一个个小目标，一步一步去实现。这样既有助于实现目标，也有助于你们从共同的努力中达到感情的愉悦和安慰。

婚姻中的两个人必须从生活中吸取正面的力量，共同努力让生活变得更精彩，让感情变得更加牢固、更加深厚。盲目才会造成枯燥，无论是在工作上，还是在婚姻、感情上，我们都不能够盲目，一定要目标明确，为夫妻双方增添更多激情，更多活力。

避免"爱情聋哑症",沟通交流很重要

热恋中的男女常常有说不完的悄悄话,表达不完的爱意。然而一旦进入婚姻,我们的热情好像就用光了,不再说那些让对方和自己脸红心跳的甜言蜜语,也不再有那些让双方都激情四射的举动。的确,情到浓时情转淡,任何人都不能改变恋爱的自然规律,但是我们也要在适当的时候重温一下热恋时的美妙感觉,不要让爱意和激情随着时光流走。

很多调查研究发现,现代人婚姻中的语言已经简练到了令人吃惊的地步,尤其是那些结婚多年并有了子女的家庭,夫妻间的对话往往是"饭做好了吗""孩子的衣服脏了""该睡觉了"。很多人更是认为,结婚多年之后,夫妻双方对彼此都熟悉到了骨子里,那些你侬我侬的浓情蜜意更因为年龄的原因而不好意思说出来了。

如果你有些话不想跟伴侣讲,如果你很少跟爱人说甜蜜的话,如果你不知道爱人真正需要些什么、在烦恼些什么,如果你们总是很少坐下来交流感情,那么你们之间极有可能是患上了"爱情聋哑症"。那么,"爱情聋哑症"要怎样避免,如果发生了,又要怎么处理呢?

第 9 章 热烈的爱：婚姻里需要用激情为彼此添动力

和睦之道

婚后男女常常因为各种原因吝啬自己的甜言蜜语，两个人的感情甚至到了冷漠的地步。男人对女人的话越来越少，因为他不愿意"对牛弹琴"；而女人对男人却是话越来越多，因为没有效果，她只好"老调重弹"，所以唠叨成了女人年纪渐长的特征。因为缺乏有效的沟通方式和沟通通道，男人几乎变成了聋子和哑巴，而女人也无视男人的需要，变成了爱情的聋子和哑巴，这就是所谓的"爱情聋哑症"。

★打破错误的观念。婚后并非不需要交流和表达你们的爱意，如果想要婚姻更加幸福，充满乐趣，夫妻双方都应该学会

表达自己的爱意和感受对方的爱意。婚后的生活的确变得现实多了，但是想要从生活的烦琐和平凡中体会到相互支持与体贴的幸福，就要有激情和沟通。

★表现得主动一些。谁更热情主动地维持自己的婚姻，谁就能对婚姻有更多的主控权。很多女人都只顾着自己的矜持，而忘了作为妻子的义务和责任；男人也因为顾及自己的"男子汉"尊严，而不肯在婚姻中主动示好，这样双方的交流就会很困难。

★学会忙中偷闲，时常交流感情。娱乐和感情交流是巩固婚姻的一种好的方式，同时也可以调剂紧张的生活，使双方得到情感的抚慰，使夫妻两人能够以更充沛的精力和更大的热情投入到家庭的建设中去。

★学会在婚后更好地表达自己的浓情蜜意。如果实在不适合"我爱你"这类直白的表达，你可以用更含蓄的语言表达出你的关心之情。比如"天冷了，多加件衣服""夜深了，小心熬坏身体"。或者用更温情的行动代替语言，帮他披一件大衣，帮他盖好被子，帮他倒杯热茶等。这样的关心方式既不显得肉麻，又显示了你的关怀体贴，是很好的表达情意的方式。

学会表达我们的爱情，寻找我们曾共同拥有的美好感情，用沟通和良好的表达向爱人展现我们的爱意，让我们的生活有更多的激情和活力，才能把"爱情聋哑症"扼杀在萌芽阶段，才能拥有更和谐、更美好的婚姻。

第9章 热烈的爱：婚姻里需要用激情为彼此添动力

对话有激情，提高生活情趣

在婚姻中，夫妻间的对话应该充满激情，不能够敷衍了事，应该热情地回答对方的询问，热情回应对方的爱，才能使婚姻更有活力。很多夫妻在婚姻中的对话都过于简单，诸如"还不错""蛮好的""还可以""睡觉了"，这种平淡如水的语言激不起一点感情的波澜。对话中带上自己的感情，带上一点柔情蜜意，可以让我们的生活更加有情趣、有激情。

在婚姻中，甜蜜的情话应该多说；仰慕、赞赏的话应该激情地说；批评的话应该有技巧地说；具有引诱暗示情调的话应该悄悄地、大胆风趣地说；活力四射的争吵话应该时不时地说一两次。既然是老夫老妻了，双方都已经十分明了对方心中的情愫，那些欲言又止、羞羞答答的表白还是尽可能换成热烈的示爱吧。夫妻间的情趣就在于在热烈和羞涩中间徘徊，你心中的情意尽管不说出来他也清楚，但是表达出来却更能让他心动。男人都是粗心的，尤其是不解风情的男人，有时候再多的眼波流转也比不上轻轻地微启樱唇，也比不上一句轻轻的娇嗔。

生活中，我们怎样进行激情对话呢？

★当他询问你的意见和感觉时，告诉他明确的答案。把那些"你看着办""还不错""还可以"之类的没有营养的话淘汰掉。模棱两可的话带给对方的印象，通常是你不在意或你感觉不满意。如果对一件事情你没有意见，觉得他怎么做都可以，那么你的表述一定要表现出信任他、尊重他的意思，比如把"你看着办"改成"就按照老公的意思来处理吧""你做事我放心""老公这么能干，你的意见一定是最好的"这类看起来有赞扬、欣赏和认同色彩的话，这样对方会感到你不是在敷衍他，而是真正赞同他。

当他询问你的感觉时，碍于羞涩而说出的"还不错""还可以"会让他觉得你在评论他，并且分数不高，会打击他的自尊心，这时不妨换成激情四溢的"棒极了""感觉超好"，或者带有强烈感情色彩的词语"我满意极了""我好高兴好快乐"。总之，要换成带有你的感情的话，而不是泛泛的评论。

★甜蜜的情话要多讲。像"我老公今天真帅""今天打扮这么精神""我爱死你了""这么会疼老婆，想要什么奖励"之类的情话要多说，不仅要表明你对他的爱意，还要话里话外暗示他非常爱你，对你非常好。人是很容易接受心理暗示的，暗示多了，七分爱也变成了十分。

★风趣而大胆地讲出你的意图。夫妻之间讲话应该轻松愉快，尤其是当不涉及批评反对的时候。比如，像哄小孩似的，"乖乖，赶紧洗个澡，要上床睡觉觉喽"肯定给对方一种更熨帖更温情的感觉。

第9章 热烈的爱：婚姻里需要用激情为彼此添动力

和睦之道

现代社会的夫妻，更要学会充分利用语言进行沟通。说句笑话，一下子就能使气氛活跃起来；表示一下亲热，便可唤起对方心底的春潮；一句抱歉，即可化解对方的怨气；争论不休的两人，会因一句甜蜜的情话而变得心平气和……巧妙的富有激情的语言可以让你的生活和婚姻变得生机勃勃、趣味无穷。

老公你今天真有精神！

老婆你很有气质啊！

★在活力四射的争吵中用幽默化解难堪。比如老公抽烟，老婆很生气，后果很严重。老婆说："你戒烟吗？不戒烟咱们就离婚！"老公道："戒，一定戒！找个好日子，有纪念意义的日子，我一定戒烟！"老婆问："什么是好日子？什么日子有纪念意义？你自己说吧。"老公想了想，说："那就二月

175

三十号吧,咱们的结婚纪念日。"这样的争吵会使生活越吵越有滋有味,越充满激情和活力。

总之,在日常的生活当中,我们要常常运用自己的智慧,运用幽默去化解矛盾,运用富含感情的激情对话来提升婚姻生活的情趣。情趣是一种感觉,而不是理性的评论,把你的感觉、你感性的一面用风趣、热烈、大胆的话表述出来,就是生活的情趣。

开阔视野，将趣味见闻带入婚姻生活

很多女人都会抱怨她们的婚姻生活缺少激情，一方面固然在于结婚久了，两个人的感情逐渐平淡；另一方面也在于女人们被琐碎的生活磨平了棱角，平庸无聊的事情占据了她们生活的大部分时间，使之对于任何事情都缺乏热情，缺乏想象。

婚姻生活本来就应该以平淡温馨为主，太过于激情会让两个人都感觉疲累，但是如白开水一般的平淡也会让婚姻少了很多乐趣。那么，怎样才能让婚姻有适当的激情，既不会造成两个人的困扰，又会让婚姻生活增添情趣呢？

★要增强交流，要不断地了解爱人心中所想。很多夫妻都愿意就某一问题进行讨论，但是能够达成共识或者真正改变自己看法的却寥寥无几。根本原因就在于你从来不打算真心地和他达成共识，只打算说服对方。弄清楚对方真正的想法，并站在他的角度、站在你们共同的角度考虑问题，这是交流的前提。

★一起尝试一些刺激的活动。"惊险"和"刺激"是带来激情的重要元素，医学专家告诉我们：人体对外界事物的害怕，可以给人们带来更多快乐。比如，一起滑雪和攀岩，一起去蹦极，不仅可以在惊险刺激中获得快感，而且你们的"患难与共"会给你们的婚姻生活带来最难忘的记忆。

★做一些叛逆的事情。夫妻可以做一些叛逆的事情来提升两人之间的激情，比如在看电影时悄悄藏在某个角落，欣赏他焦急地寻找你的样子；试着在争吵后暂时地消失一下，几个小时就好；毫无顾忌地和对方笑闹嬉戏，偶尔做个叛逆的坏孩子，你会寻找到很多激情。

★从另一个角度去了解对方。专家告诉我们：从不同的角度去看待对方，可以看到伴侣的不同侧面，你们的爱意也会有所增长。带他去你平时工作的地方，或者带他去健身，共同去做一件从来没体验过的事情，让他看到你不同于平常的活力无限、激情四射的另一面，会让伴侣对你产生更多的新鲜感。

激情和刺激、冒险是分不开的，不但需要热情还需要智慧，夫妻间的婚姻生活也是一场冒险。如果你不确定对方是否愿意和你一起激情迸发，那么就去试探一下吧，如果他能够积极地回应你的热情，你们的婚姻就将迸出更热烈的火花。

第 9 章 热烈的爱：婚姻里需要用激情为彼此添动力

和睦之道

夫妻间的交流应该注意很多技巧，而通过交流了解爱人目前正在想什么，工作或生活中是否遇到一些困难，自己有没有给予及时有效的帮助，获取此类有效信息应该是最终的目的。在平淡的婚姻生活里，最具杀伤力或破坏力的不是第三者，而是婚姻中的两个人缺乏交流。没有共同语言是两个人缺乏激情的根本症结所在。

179

在沟通中与爱人找到"激情点"

婚姻中的男女要学会创造激情,才能使生活变得充满活力,使家庭婚姻充满乐趣。家庭是人们工作之余休息的地方,所以家庭的主调更应该是温馨的,是平缓的,是充满爱意的。聪明的女人会在平淡中创造一些充满激情、激动人心的时刻,来活跃家庭气氛。

人们对待婚姻生活普遍缺乏激情,很多时候是因为夫妻双方找不到共同语言,两个人的激情点不在一个地方。比如,女人更容易因为自己的孩子取得了进步而激动,尽管这种进步可能司空见惯;而男人更容易因为体育赛事或者国家大事而激动。这些都说明,女人更关心身边的生活,男人更注意外部世界的精彩,两个人关注的对象有很大区别,生活的步伐是不一致的,自然会觉得沟通困难,没有激情。

想要两个人享受充满活力和激情的生活,就要试着去创造共同的激情点,把一个人的独唱变成两个人的合唱,能够为了同一件事情而兴奋、期盼并且激动不已,两个人的生活自然就多了激情。

★共同期盼一件事情。比如,在新年来临的时候,共同等待新年的钟声；在重大赛事开幕时，共同等待开幕式的到来。两个人因为某个时刻的到来而欢呼、拥抱、流泪，可以使双方体会到彼此心脏跳动的频率是一致的，你们有共同的兴奋和激情。只要我们刻意寻找，生活中总可以找到那么几件值得共同期盼的事情。比如，一起等待新年的钟声，在鞭炮声中拥抱；一起在深夜等待流星雨的到来；一起数着日子等待宝宝的第一声啼哭；共同等待你们一起栽种的昙花盛开。有了共同的期盼就有了共同的激情。

★培养共同的爱好，一起去享受某件事情。比如，两个人都喜欢滑冰、滑雪，你们可以相约去享受这件事情的乐趣。没有共同的爱好，也可以去培养，比如你对艺术感兴趣，他对体育感兴趣，你们可以共同去欣赏艺术体操比赛，那是最有艺术感的体育运动。两个人为同一件事的不同精彩而鼓掌，那也是一种共同的欢喜。

★经常和孩子们待在一起。如果你们没有孩子，也可以和别人家的小孩一起嬉戏。要知道孩子是这个世界上最富有激情的人群，和他们在一起，你会很快地快乐起来，充满青春和活力。和孩子在一起，你们就会变得更容易快乐，也更单纯。

★常常表达对对方的爱意和欣赏倾慕之情。彼此欣赏是爱情的最大动力，表达你的欣赏之情，可以让对方为你激动，为你充满激情和干劲，充满热情和活力。好孩子是表扬出来的，好老公是倾慕出来的，欣赏倾慕可以制造更多的激情。

> **和睦之道**
>
> 生活中的激情是需要创造的,尽管有些人天生就充满激情,有些人天生就比较冷漠,但是,通过细致的观察,你也会发现他的"激情点"。通过共同培养和分享这些"激情点",每个人都能享受充满激情的婚姻生活。

没事的,勇敢滑!

第9章 热烈的爱：婚姻里需要用激情为彼此添动力

共同营造，婚姻生活需要一点激情

很多人有时候是不容易感觉到爱和温馨的，这时候，爱侣的积极引导就显得尤为重要。尤其是那些感情细腻的女人，更要积极引导伴侣享受激情和温情，享受爱意。否则，你自说自话了半天，对方像没感觉似的，你一定感到非常挫败。不可否认，有时候爱和激情是需要引导的，引导得好，即使再不解风情的人也会感觉到你的浪漫，感受到你的爱。

怎样引导爱人分享激情呢？

★用语言来描述美好的景象。比如"我们这样多浪漫呀""我真想这样和你一起活到80岁，那时候，我肯定变成了一个白头发的漂亮老太太""快看，好激动人心啊"等这类的美好描述，会把他的激情及时地调动起来，跟你一起分享快乐。

★用动作来表示你的激动。比如，看到你喜欢的球队进了一个球，一边激动地大喊万岁，一边紧紧地拥抱他，或者一下子跳到他身上，或者从地上一下跳起来，搂着他的脖子快乐地大喊激情的语言搭配着大幅度动作，更容易感染人。

★积极回应他的爱意和激情。当他对你表达出他的爱意、他的激情的时候，要积极地回应他。

和睦之道

对于生活的激情,我们每个人都有自己不同的感受方式,对于那些平日比较冷漠、不容易激动的人,我们要及时地引导他们分享生命中的激情,让飞扬的激情充满我们的青春和生活。

第10章

摆脱束缚：婚姻里需要一点距离美

信任对方，婚姻里切忌猜忌

在婚姻中，男人和女人都难免有一点独占欲。我们常常可以看到一群人玩到兴高采烈时，有位仁兄的手机响了，电话里有一个或者温柔，或者霸道，或者焦急，或者怒气冲冲的女声在问"你在哪里？"然后此仁兄多半要躲进卫生间，抚慰另一半的怒气。如果玩到深夜，大概大家的手机都会此起彼伏地响起来。

这样的查岗司空见惯，它是正常的，很大程度上是爱的表现，是你牵挂对方的一种体现。对于这样的查岗，对方最初可能感觉到甜蜜，时间长了就会感觉不耐烦，但总还在可以忍受的范围内。但是面对另一种查岗，我们就不得不小心了。

★在对方告知他在哪里、在干什么之后，你仍然显示出怀疑和疑虑。

★偷袭。比如，偷看对方的聊天记录，偷看对方的私密日记。

★电话突击。查看对方的手机短信，并且对不熟悉的号码反打过去，证明对方的身份，或者在上班时间突然打电话袭击。

★扔下自己的工作突袭对方，打着"意外惊喜"的旗号，

第 10 章 摆脱束缚：婚姻里需要一点距离美

和睦之道

其实，把另一半看得这么紧并不是什么明智之举。记得莎士比亚的经典悲剧《奥赛罗》吗？主人公奥赛罗因为深爱自己的妻子而生疑，并在小人的挑拨之下产生了强烈的嫉妒，最终在狂怒之下，亲手杀死了自己的妻子，酿成了千古悲剧。当一切真相大白之后，悔恨交加的奥赛罗自杀了，临死前奥赛罗说了这样一段引人深思的话："我是一个在爱情上不智慧，过于深情的人，嫉妒心一旦被煽动，就会糊涂到极点……"

实际上却是在怀疑他。

★利用跟踪、侦查、请私家侦探等方式查岗。

在现实中，又有多少人是这样的，情到深处，产生深深的占有欲，一旦有点风吹草动，就糊里糊涂地认定爱人的背叛。许多陷入爱情的人都坚信，爱就是将对方全部占有，这种观念，让"查岗"这一行为变成了爱和牵挂的证据，让猜疑披上了爱情的外衣，从而引发了无数因爱生恨的悲剧。

那么，人们为什么会产生查岗的念头，并千方百计地不懈坚持呢？

★控制欲。在婚姻中，无论是男人还是女人，都会产生强烈的控制欲，仿佛只有对方在你的视线范围内，才能确认他是忠诚的。其实这是非常不明智的，爱情不是占有，而是付出。事实上婚姻这份契约已经帮你在一定程度上控制了对方，更多的监视和控制只会让对方产生不满及抱怨，对你们之间的关系一点好处都没有。女人从理智到情感上都要接受这个观点，克制自己想打电话或者偷窥对方隐私的欲望。

★不自信。通常双方条件差距大的情况下，不自信的人更容易查岗。因为有失去的恐慌，所以总是处在一种战战兢兢的状态之中，总是担心失去对方。比如，一位女士总是查岗的理由是，"我比他大6岁，万一他把我甩了，我怎么办？"对于这样的妻子，我们只能鼓励她首先建立自信，有信心了，就会少很多疑神疑鬼，也就少了很多自虐行为。

★不相信你们之间的感情,不信任你的伴侣。很多查岗是因为一个不经意的原因或误会引起的,比如在他的兜里发现了照片,在他的旅行箱里发现了女士的化妆包,或者他最近发短信、打电话频繁了一点,他最近变得爱打扮了。这些反常状况常常会成为女人疯狂侦查的导火索。要知道,怀疑的种子一旦种下,就会不达目的不罢休,就算你通过各种手段都查不出异常,也总会在心里留下一个阴影。如果当真遇到了这样的事,最好的方法就是当面问清楚,如果他解释得合理,就应该相信他,除非你真想离婚。

★你的身边有一些喜欢挑拨是非或者神经质的人。比如,你的某个女友忽然告诉你,她看到你的老公正在和一个漂亮女人吃饭,也许那不过是正常的应酬,或者是和客户谈生意。或者是你的某个闺蜜告诉你她的老公有一些出轨迹象,劝你最好回家也查一查。遇到这样的朋友,你最好回避,离她远一点,因为朋友应该在好的方面互相影响和交流,而不是相互出馊主意。

夫妻之间的查岗应该适可而止。夜深了,对方还在加班或者应酬,应该提醒他早点回家休息,这样的查岗总有一点甜蜜的感情在里面。但是像对待大敌一样斗智斗勇地查岗则大可不必。

小别胜新婚，婚姻中彼此也需要点距离

夫妻两人如果整天黏在一起，彼此都熟悉透了，不仅没有了激情，还可能会产生审美疲劳。所以夫妻两人在一段时间的相聚之后，有两三天甚至一周以上的小别，让对方在此期间体验一下没有你的不便，体验一下牵挂的感觉，以后的日子便会感觉倍加甜蜜。

人的感情是丰富而复杂的，两个再恩爱的人，常年形影不离地在一起，也会产生厌倦。而一旦分离，就会想起对方种种的好处，彼此的思念和爱恋之情就会油然而生。因此人们说："小别胜新婚。"

婚姻中的夫妻，要给自己的浓情蜜意留一点空间，给回忆和体验这种情感留一点空间。往往是在离开的时候，你才意识到对方的重要，才知道你已经习惯有一个人在身边。

那么，平时我们要怎样制造"小别胜新婚"的效果呢？

★不要总是按时下班，按时在家等待他吃晚饭。等待的时间是漫长的，等而不至，则会让人产生哀怨的感觉。

★出差之前，告诉他你大概多长时间能结束差事，给他一份期盼。出差的时候，不要每天都急着打电话给他报平安，偶

尔有一两天让他找不到你，这就会让他产生猜疑，产生联想，对你的思念和牵挂就会更深了。然后给他一个合理的解释，以打消对方的猜忌之心。让男人体验一下数着日子期盼的感觉，他就会更思念你、珍惜你。

★不要按预定日期回家。虽然提前回家能够带来意外惊喜，但是最好不要采取这种方式，最好拖延个一两天再回家，让他感受一下从日出等到日落，结果满腔欢喜落空的那种失落，然后打电话告诉他，因为临时出了状况，你要延迟一天再回家。等情绪经历了一系列的起伏，耐心也用尽了，从满腔喜悦到满腹失落牢骚，再到升起希望，那种感觉才是最甜蜜的。

★趁你不在他身边的时候，诉说你对他的爱意，诉说你对他的思念，让他意识到你也是牵挂他的，也和他受着同样的寂寞和煎熬，他会更加爱你。

要制造"小别胜新婚"的效果，就要让双方都受够折磨，当然，也要搞清楚彼此承受的底线，否则，时间长了，分别久了，两个人就会产生生疏的感觉，还要重新慢慢地温热起来。所以掌握好火候很重要。

和睦之道

要让他也体会一下等待的心情，比如找一个晚上，和小姐妹们约好去泡吧、去K歌或者自己去看一场歌剧、电影，直到深夜才回家。当然，你可以在他回家以后打电话告诉他你在干什么，让他不要担心。虽然他知道你和哪些人在一起，在干什么，但还是免不了对你有一点点埋怨，随着时间流逝，这一点埋怨会变成思念和哀怨，等你回家以后，他会感觉到安慰和安心，甜蜜的感觉自然就来了。

老公，今晚我和同事小美、小红、妮妮一起聚餐，吃完饭回家。

摆脱束缚，给爱人一点自由的空间

很多男人都觉得女人的爱太过沉重，甚至觉得自己无法承受。其实这是可以理解的，如果一个人全心全意地爱你，甚至胜过他自己，而对你却毫无所求，你是不是会手足无措，觉得无法回应？

女人要承认，爱情像人一样需要空间，也需要氧气，才能获得最起码的生存。学着轻松地爱他，学着有尊严地爱一个男人，才能够让爱情的双方都受益。那么，怎样给一个男人轻松的爱？怎样让你们的爱情获得喘息的空间？

★给他有尊严的爱。爱是双方的事，是乞求不来的，不要总是问"你是不是不爱我了"之类的蠢话，不要怀疑对方的爱。一旦他不爱你了，也要有"你若无情我便休"的勇气，不要死缠不放，要死要活。爱是有尊严的，那种离开对方就活不下去的女人，可能一时之间可以获得男人的好感，但是时间长了，就会让男人感觉压力重重。应该让他明白有他的爱你会活得更好；没有这份爱，你仍然乐观、勇敢。

★不要把爱情当成生命的唯一。爱情永远是女人生命中重要的一部分，但肯定不是全部。把爱情和爱人当成你的全部，女人就会产生怨气；而保持自己的追求和理想，女人的生活才足够丰富。能够自娱的人，别人更愿意给她更多的爱。

★不要太痴缠，给他一点个人空间。当你需要他的陪伴，需要他的帮助，而他不能给你的时候，你要学会照顾好自己，学会坚强地独自面对困难。要知道男人不是万能的，不要过于苛责他们。男人更喜欢在必要的时候能够独立的伴侣。

★当他为了你们共同的家奔波劳累的时候，不要埋怨他不够体贴。要知道爱情也是要建立在物质基础上的，不要说那些"你要工作还是要我"的傻话。当男人沉浸于思考或者工作的时候，不要试图把他的注意力引到你身上来，给他足够安静的空间，为你们的爱创造更好的环境。

★不要幻想把男人塑造成你想象中的样子，不要自以为高明地干涉他的工作。爱他就要信任他，尊重他的理想、信仰和追求，无论他做了对的还是错的选择，你都会接受他，并且支持他。当他不像你想象中那样聪明和坚强的时候，试着接受他的不完美，因为你爱的是一个男人，而不是神。

★给他足够而适当的爱。有人说爱情就像拔河，当双方的力量均衡时，你们就可以维持平衡；当一个人放手时，就会把另一个人摔得疼痛。但你是否想到，当你爱得太用力，爱得太多，也会使绳索偏移，使爱情失衡。试着和他付出同样的爱，也索取同样多的爱。爱情的压力太大，在于你付出了太多，对方承受不了，或者索取了太多，超过了对方的所有。

第 10 章　摆脱束缚：婚姻里需要一点距离美

和睦之道

给他轻松的爱，留下一点爱自己、爱家人、爱这个世界。爱情不是生活的全部，当你把爱理解得更为广泛、更为深刻的时候，你就能够把握婚姻中爱的智慧。

尊重彼此，爱人之间也应该有自己的隐私

有时候午夜梦醒，看着枕边人你会发现，你并不是那么了解对方，他甚至是那么陌生。"至亲至疏是夫妻"，谁也不能真正看清一个人的本质。对于婚姻中的两个人来说，彼此之间熟悉、相爱是一定的，但是有时候你也会发现你并不真正认识他，于是你不断地去挖掘他的不同侧面，甚至不顾及对方的隐私。但是，这对于婚姻没有任何好处。

婚姻当中，女人要学会尊重男人的隐私，尊重他不为人知的另一个侧面。坦白来说，每个人都有缺点，如果你固执地去挖掘他不想告诉你的丑陋的一面，难道对你们的婚姻有什么好处吗？有时候，了解得越多就会越失望。女人对于男人有必要了解，但不能够要求他做一个透明人，事事都必须向你报备。给对方留一点私人空间，你自己也能够活得轻松一些。

那么，究竟有哪些事是你不应该在意或询问的，你应该尊重他的哪些隐私呢？

★关于他的过去。任何人都有过去，没有人是一张白纸。对于那些细节问题，再三追究是没有意义的，这不仅会引起对方的不耐烦和你的烦恼，还会影响你们的感情。

第 10 章 摆脱束缚：婚姻里需要一点距离美

和睦之道

有时候知道是一回事，听他细细地讲述则是另一回事，所以，不要逼问他的过去，未来才是最重要的。如果你介意，如果你不能忘记，那么对于你来说，从来不知道或许是最幸福的。

★他内心深处的那个人。你们是夫妻,但你们可能不是彼此最深爱的那个人。也许你们都"曾经沧海",在他的内心深处藏着一个人,那是他最浪漫的回忆,那是和他共同拥有过青春最美好时光的一个人,对此你嫉妒得要死,你拼命地想要挖掘出一些东西。这个幻影是存在的,但是请你不要再挖掘了,悄悄地掩埋掉你曾经挖掘的痕迹,让那个人永远埋在他的内心深处吧。因为他们之间已经不可能了,用你的爱去覆盖她在他心中的影像,这才是最明智的做法。婚姻的意义不在于追求公平和真相,怎样对你们的婚姻更有好处,才是最重要的。

★不要怀疑他背后的东西。有些女人对于爱情有一种天生的不安全感,总以为男人背着自己隐瞒了一些什么东西。所以很多女人热衷于查对方的银行卡密码,查他的游戏账号密码,了解和他交往的每一位女性甚至网友。这完全没有必要,信任对于任何人都是必需的。婚姻把"我"变成了"我们",但是并没有让你们共用一个大脑,一颗心脏,还是给他留一点隐私和尊严吧。

★对于他灵魂深处的想法和欲望,不要试图染指。每一个人都需要一块遮羞布,没有人能够容忍完全的赤裸。每个人的内心深处都藏着人性的缺陷,只要不是本质上的恶劣,只要没有做出罪恶的行为,这个人就应该是无罪的。可是有些女人总是喜欢剖析对方的缺点,"你敢说你没有一点自私吗""你敢说你没有一点心动吗""你在想些什么""你到底是怎么想的"，这些话常常从女人嘴里不假思索地说出来。那么，你这样拷问过自己的灵魂吗？给对方留一点尊严吧，对于他内心真正的想法，如果没有必要，就不要去深究，因为思考是痛苦的根源。

尊重彼此的隐私，是两个人一起生活相安无事的前提。不要认为夫妻间就应该坦诚无欺，没有秘密。给对方留一点秘密，留一点隐私，就是承认他还是一个单独的个体，而不只是家庭的一部分。

保持一点神秘感，让爱人对你更有兴趣

在婚姻中保留一点隐私，保留一点神秘感，拥有一些属于自己的小秘密，也是增加自己魅力、增加婚姻新鲜度的好方法。在婚姻中，不要做"透明人"，不要让他对你的一举一动、每个想法都了如指掌。让他有更多的猜想，让他不断地去探究你、揣测你，他才会更爱你。

儿童都有喜欢探险的天性，喜欢在探索中获得乐趣，男人有时候跟孩子一样，他们不喜欢一览无余的风景，而是喜欢不断地去探险，不断地去挖掘，从不同的角度、不同侧面来了解自己的枕边人。

那么，留一些秘密去给他发现吧，让他不断地对你的行为和举动进行猜测，让他慢慢地了解你与众不同的魅力。让他像抽丝剥茧一样，慢慢地观察和了解你这个人。对于你的过去、你的真实想法、你的计划，不要急于呈现在他的面前，让他慢慢去揣度、去研究，他会在研究的过程中爱上你。

想要让你的婚姻生活保持新鲜，就要用留给对方一些问号的方式让他慢慢了解你，寻找和你相处的乐趣。那么，到底在哪些方面我们要有所保留呢？

和睦之道

如果被他逼问急了，可以回答他："我也希望生命中第一个遇上你，可是那样的话，我们都还没学会珍惜，也许就不能在一起，所以，我宁愿像现在这样。"这样他就会珍惜你们现在的生活，而永远不去触碰那部分往事。但是不去触碰不等于完全忽视，不等于不好奇，他会在好奇当中探索真相，在探索中更加爱你。

> 过去的事都已如过眼云烟，我们一起创造幸福的未来才是最重要的。

★自己的过往不要事无巨细地全部交代，当他问及时要轻描淡写地说，留一些想象空间给他。让他感觉你是个历经沧桑的女人，但永远不知道你经历了哪些沧桑，给他留一点高深莫

测的感觉。

★不要急着展现自己的全貌。让他自以为是地以为你是一个怎样的女人，当他对你形成一定印象的时候，展现出你另一面的风貌。不断地学习，不断地向他展现出你不同侧面的风情和魅力。让自己像一本书，不读到最后谁也不知道结局，这样他就会不断地阅读下去，百看不厌。不断地提高自己的修养，让你的一部分神秘感消失的同时，另一部分神秘感又慢慢地成长起来。让他像爬山一样，本以为已经爬到了最高峰，结果抬头看到还有更高的山头等着他，让他产生一种欲罢不能的感觉。其实，女人都是"横看成岭侧成峰"的，怕的是你永远不进步，再高的山也有爬上去的时候，那时候，你就一览无余了。

★不要轻易向他展示你内心深处的东西。男人常说"女人心，海底针"，可见女人心事的变幻莫测。但这种无奈中又带着一些甜蜜，所以适当地保留自己的心事，让他去猜测、去探索。有句话说，"女孩的心思男孩你别猜，猜来猜去就会把她爱"，男人正是在猜测女人心的时候爱上她的，所以，保持一些自己的心事吧。

★女人最神秘的地方就在于总能在年龄增长的同时保持自己的多愁善感。偶尔用你的感性去处理事情，感性的女人有更多的神秘感和新鲜感，令男人更加爱怜。

婚姻中的女人对男人也要适度保留，保持一点隐私，保持一点自我尊重，能够让男人更加爱你。

洒脱生活，爱对方也要享受人生

婚姻的确要牺牲男女双方的部分自由，但并不代表着结婚以后，女人就必须完全奉献，必须把自己所有的时间都奉献给家庭和婚姻。记住鲁迅先生的一句话，"我是我自己的"，永远保持你的部分自由，不要让男人以为，你结婚了，就理应把自己的全部奉献给他，就是他的私有物品了。要让他意识到，你仍然是一个自由自在的人，在尽到自己的义务之后，仍然可以保持某种未婚时的状态。

不要总是和他一起活动，不要总是按照他的意愿来安排自己的生活，偶尔放松一下，回到未婚的自由自在，这样才能在他面前保持个人的魅力。

那么，我们该如何在婚姻中保有自我呢？

★保持若即若离的状态，不要一结婚就觉得离不开对方，有一刻分离，就要想念对方。在新婚时期，两个人恨不得每天形影相随，但是两人不可能总是厮守在一起。在结婚以后，最好能保持若即若离的状态，无论是距离上还是思想上，都不要让他完全掌控你。保持自己的节奏，由自己来掌控你们之间的距离，这样才能化被动为主动。

和睦之道

当男人意识到,你不是他的附属品,你的思想并不由他来支配,他不是你生活中的全部,他就会紧张你,才会永远保持追逐征服的状态,你们之间的关系才会永葆新鲜和激情。

★自我介绍的时候,不要特别点明自己已婚的身份,除非有必要,不要让自己作为某人太太的身份出现,尤其是面对先生的同事。你可能以"我是谁谁的老婆"而自豪,这一点无可厚非,在老公面前也完全可以表现出来,让他有一种荣耀感。但是如果在你的思想里根深蒂固地存在这种观念,却是没有必要的,尤其在面对和你的伴侣没有交集的人的时候。在他的女同事面前可表明自己已婚的身份,以暗示"我是他的老婆,不要对他有非分之想";在他的男同事面前则可隐去已婚的身份，这会让你的伴侣有一种危机感。这样的自我介绍技巧，可以巧妙运用对方的心理来制造一些距离感。

★偶尔自己出游一次。在假日的时候不要总是和他共同出游，偶尔自己出去旅游一次，拉起行李箱，独自上路，潇洒走一回。虽然少了一个人为你处理身边的杂务，有很多不便之处，但是能够享受一下单身的时光，代价还是值得的。

★拥有完整独立的人格。其主要表现为：在经济上不依靠任何人，拥有坚实的经济基础，通过经济的独立，享受自我的满足感；在精神世界具有自我意识，追求自我的价值、自我的目标；不做男人的风景，不为取悦男人而丢掉自己的自尊，甚至牺牲自己的一切。

★保持婚前的工作状态和工作激情。完全不必为了伴侣的方便而选择做一个家庭主妇。你想要做什么就尽管去做，也许在实施之前要和他商量一番，要尊重他的意见，但这并不等于你会放弃自己，不过是稍稍做一点让步，依然要维持你的个性，承认自己作为一个自由人的独立性。

总之，做一个自由自在的，无论在身份、经济还是在精神上都独立的女性，让他知道你把自由和独立看得比他、比爱情更重要，你更依靠、更信任自己，他才会更懂得珍惜。

参考文献

[1] 霍妮. 婚姻心理学：婚姻是最好的修行[M]. 徐淑贞，译.北京：中国华侨出版社，2013.

[2] 乐子丫头. 婚姻心理学：你是会经营婚姻的女人吗？[M]. 南京：江苏凤凰科学技术出版社，2018.

[3] 辛慧颖. 婚姻心理学[M]. 成都：四川人民出版社，2019.

[4] 陈素娟. 幸福婚姻心理学：婚姻是一场修行[M]. 武汉：华中科技大学出版社，2018.